Mit Liebe zum Detail

Mit Liebe zum Detail

Kreative Frauen und ihre Leidenschaft
für Kunsthandwerk

Fotografien von Ulrike Romeis
Texte von Niamh Blumstrom

PRESTEL
MÜNCHEN · LONDON · NEW YORK

Inhalt

8 Kleinode aus
Stoff und Papier

Alexandra von Schönberg
Buchbinderin und Papeteriekünstlerin

18 Fragiles zwischen
Himmel und Erde

Alice Gräfin zu Toerring-Jettenbach
Keramikkünstlerin und Pflanzenheilkundige

28 Die poetischen Seiten
der Buchkunst

Annette Vogel
Buchkünstlerin, Grafikerin und Biologin

38 Ganz schön alt

Christel Lechner
Bildhauerin und Installationskünstlerin

48 Der Ruf des bunten Lichts

Christiane Mergner
Glasmalerin und Meisterin des Glaserhandwerks

58 Unbekannte
Porzellanobjekte

Claudia Biehne
Porzellankünstlerin

68 Die Glasperlenstrickerin

Claudia Flügel-Eber
Perlenstrickerin, Handarbeitsvirtuosin und Gründerin des Ladencafés und Perlenbeutelmuseums »Carakess«

78 Holz – von ganzem Herzen!

Elke Hirsch
Designerin und Drechslerin

88 Blumen und Tiere, auf Stoff geträumt

Friederike Schleyerbach
Textildesignerin

98 Chapeau, Madame!

Katharina Sigwart
Modistenmeisterin

108 Des Mieders neue Meisterin

Michaela Keune
Modemacherin

118 Wirf Gold und Silber über mich

Michelle Sachs
Vergolderin

128 Das Engelsgesicht der Schrift

Sabine Danielzig
Kalligrafiekünstlerin und Vergolderin

138 Ganze Tage, in einer Kette erzählt

Susanne Scharff
Schmuckdesignerin, Literaturexpertin, Salonière und mehr

148 Die neuen Verflechtungen

Susanne Thiemann
Bildhauerin und Korbflechtmeisterin

158 Ton in Ton mit dem Leben

Ulrike Böglmüller-Buchner
Keramikmeisterin, Naturschützerin und mehr

168 Die Botin der Farben und der vergessenen Künste

Ursula Eva Hampe
Textildesignerin und Farbberaterin

178 Mit Verve für Kaschmir, Yak und den Planeten

Verena Ebner von Eschenbach
Modedesignerin und Nachhaltigkeitsaktivistin

Farbenspiele sind sozusagen die Schlüssel zu Alexandras Welt: Diese stoffbezogenen Schachteln harmonieren prächtig mit ihrer Wohn- und Arbeitsumgebung auf Gut Hartschimmel.

Alexandra von Schönberg
Buchbinderin und Papeteriekünstlerin

Kleinode aus Stoff und Papier

Bei Alexandra von Schönberg gehen die Dinge Hand in Hand, in fast magischem Einvernehmen: Als Buchbinderin stellt sie edle Papeterie her, gleichzeitig managt sie ihre Familie und ihren Gutshof mit Schwung und Begeisterung. Ihre Aufenthalte in England und Frankreich beeinflussten ihr Kunsthandwerk unübersehbar – die klassischen Muster und fröhlichen Farben, die Blumen, Ranken und Tiere scheinen aufs Beste mit den Wünschen ihrer Kunden zu harmonieren.

»In Frankreich verpackt man sogar eine Apfeltarte wunderschön. Hierzulande gilt Dekor schnell als Firlefanz.«

Der Ammersee flimmert zwischen den Hügelwaldbäumen, die Straße geht auf und ab, bis man plötzlich zwischen den Gebäuden des alten Gutes Hartschimmel steht: Lauschig ist es hier, mit Obstwiesen, wetterdunklen Holzfassaden und traditionellen Huteweiden, auf denen heute die Galloway-Rinder grasen.

Doch höchstens die Rosenkugeln am Gartenzaun sagen die kaleidoskopartige Buntheit im Wohnhaus vorher – die Wände in Kleegrün oder das Rosa, das ins Lavendel flieht; die Reihungen, Sammlungen, Anordnungen von Porzellan, Gläsern oder Geweihen dort.

»In einem Haus, in dem alles weiß ist, könnte ich nicht leben.« Alexandra von Schönberg spricht schnell und wirkt dabei sehr aufgeräumt und klar. Bei all ihren Aufgaben: Denn sie leitet nicht nur den Bio-Hof auf dem Anwesen im oberbayerischen Pähl, das sie von ihrem Vater erbte; die Gutsherrin vermietet dort auch ein Holzhäuschen an Gäste – »eines der ersten im Isartal, in dem schon meine Urgroßeltern malten und dichteten«. Und sie vermarktet den idyllischen Flecken Land als Schauplatz für Hochzeiten, Fernseh- und Werbeaufnahmen. Vor allem aber ist die heiter-gelassene Alexandra dreifache Mutter, Ehefrau und – Buchbinderin.

Wenn auch eine, die die »Traumstücke« ihrer Zunft anfertigen darf: stoffbezogene Schachteln, an denen Quasten baumeln

Ein bunter Anblick sind auch Alexandras Werkstatt(t)räume: vorne rechts im Bild die für das Buchbinderhandwerk unerlässliche Pappschere.

Rechte Seite, im Uhrzeigersinn von oben links: Mit Toile-de-Jouy-Stoff überzogene Schachteln, rechts daneben alte Gewichte – damit werden Alexandras neue Arbeiten über Nacht beschwert; darunter das Detail eines Schranks, der seit dem Jahr 1900 das Haus mitbewohnt, und links davon eine Postkartenkollektion: Einige dieser Karten verarbeitet Alexandra dann weiter.

Beim Anzeichnen eines Stoffes: Bald wird er zur »Außenhaut« einer neuen, von Hand gefertigten Schachtel. Diese sind sowohl nach DIN-Normen als auch in Sondergrößen erhältlich.

Alexandra wird es nie zu bunt, deshalb ist alles um sie herum farblich definiert – selbst der Leimtopf.

Die schimmernden Quasten muten an wie barocke Tänzerinnen. Sie stammen – mais bien sûr! – aus Frankreich.

Auf die richtige Papierauswahl kommt es an: Diese Schachtel bekommt ein Innenleben in Blau und einem schönen dunklen Grüngold.

und die florale Dekors und nostalgische Muster zieren; Fotoalben und Klemmbretter, Leporellos und Mappen aus besticktem Hirschleder oder Seide.
Ihre Werkstatt geht nahtlos in die Wohnräume über und ist noch einmal eine Steigerung der akribisch aufgeschlüsselten, farbigen Vielgestaltigkeit, die man bereits aus Küche und Jagdkammer kennt: »Ich bin ein visueller Mensch und muss meine ›Zutaten‹ sehen, um kreativ sein zu können. Doch jede Pappe und jedes Gewicht haben ihren Platz. Zieht hier das Chaos ein, ist man verloren.« Kordeln, Bänder und Werkzeuge, dazwischen Maschinen mit reizvoller Patina – es ist wie in einer Wunderkammer, in der man sofort mitanfassen und die Materialien zwischen den Fingern spüren möchte.

London Calling, Bonjour Paris und schließlich zurück am idyllischen Ammersee

»Schon als kleines Mädchen war ich fasziniert von den unzähligen Papieren im Münchner Warenhaus Radspieler. Und später dann von den Weihnachtsgeschenken, die meine Cousinen unserer Großmutter machten. Im Internat hier in der Nähe besuchten sie einen Buchbinderkurs. Ich aber wuchs ja in Düsseldorf bei meiner kunstsinnigen Mutter auf und war nur in den Ferien bei meinem Vater in Bayern. Doch ich fand einen ähnlichen Kurs, eineinhalb Fahrtstunden von meinem Wohnort entfernt. Ich saß dort allein mit dem Meister und lernte unglaublich viel. Seither bin ich infiziert, und Papier ist mein Medium.«
Nach dem Abitur machte sie eine Ausbildung zur Papierkonservatorin in England. Weil in Bayern damals aber niemand etwas damit anfangen konnte, schloss sie eine Buchbinderlehre in einem kleinen Münchner Familienbetrieb an. Danach arbeitete sie drei Jahre in Paris. Bis ihr Vater sie weglockte: Im Städtchen Weilheim, nur ein paar Kilometer vom Gut, war eine Buchbinderwerkstatt aufgegeben worden. »Es gab dort weder Wasser noch ein Telefon, doch ich übernahm sie.« Bald wurde es ihr da aber zu unwirtlich, und sie zog mit ihrer Arbeit auf den Hof.

Von schlichten Buchbinderaufgaben zu den schönsten Blüten der Papeteriekunst

Die Anfänge waren reichlich einsam, deshalb gab es für sie – so folgerte sie – eigentlich nur zwei Möglichkeiten: »entweder die Zelte wieder abzubrechen oder Anschluss ans hiesige Leben zu suchen.« Sie fand einen Job, ehrenamtlich, vormittags im Kindergarten. »Am Nachmittag ging ich in der Buchbinderei auf, die ja eine eher introvertierte Tätigkeit ist. Völlig ausgeglichen lernte ich so meinen zukünftigen Mann Joachim von Schönberg kennen.« Bald kamen ihre drei Kinder zur Welt und wie nebenbei machte sie eine Ausbildung zur Kinderpflegerin, dann zur Erzieherin, ja, sie begann sogar ein Studium.
Ihr Handwerk indes florierte: Familienalben verdrängten schnell die Aufträge von Gemeinden. »Die Kunden fragten mich oft nach Präsenten, und so produzierte ich auf Vorrat. Mein Mann schlug mir einen Laden in Starnberg vor. Und ich, die ich lange von einem in München-Schwabing geträumt hatte, sagte, ich schaffe es nur bis zu unserer Scheune. Heute ist unser Showroom dort 17 Jahre alt.« Längst verkauft sie auf Drängen ihrer Fans auch online und ordert weltweit handverlesene Postkarten und Briefpapier. »Doch ich habe zu jedem Stück, das ich anbiete, einen Bezug.«
Ihre Kunden wünschten sich auch, dass sie Buchbinderkurse gab: »Es kommt sowieso keiner hierher in die Pampa, dachte ich da. Wie naiv! Man kann sich kaum vorstellen, was hier los war! Als ich dann die Landwirtschaft übernahm, wurde mir das zu viel.«
Sie achtet auf höchste Qualität der Materialien und auf kurze Wege. »In Deutschland finde ich aber nicht alles, was ich mir wünsche. Dekor gilt hier schnell als Tand…« »Und das Gefühl von Luxus gönnen wir uns viel zu selten«, ergänzt ihre ältere Tochter Clara, die in München studiert und gerade zu Besuch ist.

Glückliche Fügungen und Hochzeit(en) auf dem Hartschimmelhof

Die Erziehung ihrer Kinder, für die sie hier ein fantastisches Zuhause schuf, lief immer parallel. Auf dem Bio-Hof helfen ihr zwei Mitarbeiter, »doch heute hat einer frei, und Clara und ich waren schon Kälbchen füttern.« Ohne Alexandras strukturierendes Talent würde hier nichts funktionieren: »Ich war zum Glück schon immer gut organisiert.« Trotzdem schrieb sie nie einen Businessplan: »Dahinter wähne ich Berechnung und berechnend bin ich nicht.«
Lieber folgt sie ihrem Gespür, und alles andere sortiert sich dann von selbst: »Auf die Heirat auf unserer Obstwiese folgt die Hochzeitsnacht im Holzhaus, auf das Gästebuch ein Baby-Album. Mein Leben ist wie ein großes, buntes Puzzle, in dem ein Teil ins andere greift.«

Die märchenhaften Scherenschnittkarten entwarf Alexandra; sie klemmen an einem handgemachten Pinnboard mit Blumendekor.

Die Welt, wie sie nicht nur Alexandra gefällt: Im Wohnzimmer des Hartschimmelhofs weht ein englisches Lüftchen – oder eine französische Brise.

Alexandra mit ihrer Jagdhündin Zora unter ihrer Lieblingseiche. Das Landgut wird biologisch bewirtschaftet, man kann es auch als Filmkulisse und Hochzeits-Location mieten. Ganz rechts die Küche, wie aus einem Bilderbuch.

Stickerei von der Isar und französische Quasten

Über 40 Arbeitsschritte, nur von Hand, stecken in einem Schachtel-Rohling. Alexandra von Schönberg braucht in ihrem Beruf tatsächlich kaum mehr als eine Presse und eine Pappschere: »Ohne die geht ein Buchbinder aber zugrunde«, lacht sie. »Bis eine Zeitschrift mich bat, Schachteln mit Stoffen zu beziehen, gönnte ich den Rohlingen vor allem Papier. Das ist jetzt umgekehrt. Aber natürlich kommen Tapete und Papier noch zum Einsatz.« Bestickt werden ihre Objekte in einer Werkstatt in München-Solln, die auch die Fahnen fürs Oktoberfest verziert. Textilien wie Papiere bezieht sie meist aus den USA, England und Frankreich (dort findet sie auch die schmückenden Quasten). Nur das Papier zur Innenauskleidung ist aus Deutschland. »Zum Einkaufen gehe ich auf Messen. Und inzwischen habe ich auch meine festen Quellen.« Ihre ausgezeichneten Fremdsprachenkenntnisse kommen ihr dabei sehr zugute, die Erfahrungen in Werkstätten in England, Frankreich oder im israelischen Haifa bereicherten ihren Arbeitsstil: »Ich bin sehr offen für die unterschiedlichsten Herangehensweisen.«

Auch Alexandras Weg begann mit Bildungsangeboten für Laien – wie in London, wo sie bald nach dem Abitur einen Kunstkurs im traditionsreichen Auktionshaus Sotheby's besuchte. Ihr wichtigstes Werkzeug aber blieb immer ihre Intuition.

Mythisches Wesen in Sehnsuchts-blau: Das Einhorn wählte Alice als Motiv für eine Majolika-Malerei.

Alice Gräfin zu Toerring-Jettenbach
Keramikkünstlerin und Pflanzenheilkundige

Fragiles zwischen Himmel und Erde

Alice Gräfin zu Toerring-Jettenbachs Welt ist aus vielen Einflüssen gewoben. Sie sind nicht ganz alltäglich und können auf den ersten Blick sogar abgehoben wirken. Vielleicht darum gilt ihre Liebe – neben der Pflanzenheilkunde in jüngster Zeit – schon so lange der Keramikkunst. Denn die erdet und schafft eine Verbindung zwischen dem Oben und Unten. Davon erzählen Alices sand- und steinfarbene Skulpturen genauso wie ihr Porzellan und ihre Majolika in schwebenden Blautönen.

»Eine Journalistin empfand meine freien
Arbeiten einmal als ›meditativ‹.
Das fand ich zutreffend. Und schön.«

Hoch auf seinem Hügel hebt sich Schloss Seefeld gegen viel blauweißen Himmel ab. Alice Gräfin zu Toerring-Jettenbachs Wohnung liegt noch einmal weit oben in dem alten oberbayerischen Herrensitz – nach der schier endlosen Treppe da hinauf versteht man ihren Traum »von einem kleinen Häuschen mit Garten« bereits deutlich besser.

Von hier aus blickt man auf grünes Land mit viel auf- und niedersteigendem Waldsaum, auf Fischteiche zur einen und auf Ammersee und Pilsensee zu zwei anderen Seiten. Im Wohn- und im Turmschlafzimmer umspielen sonnengelbe Wände die Werke zeitgenössischer Künstler – einige davon vertrat Alice, als sie noch eine kleine Galerie auf dem Schlossgelände führte. Bergkristalle scharen sich auf den Möbeln, und Stimmgabeln, die der Schallwellentherapie dienen, recken sich da, als wären sie Skulpturen.

Linke Seite: Den Esstisch in ihrer Wohnküche auf Schloss Seefeld gestaltete Alice in Blaugrün und Gischtweiß – denn sie liebt den Mittelmeerraum (oben links und unten rechts).
Oben rechts: Das schwebende Lichtblau dieser Schale lässt Obst gleich noch frischer wirken.
Unten links: Die Tonscheibe Diskos ist nach einem Original aus der Bronzezeit gefertigt, mit einer spiralförmigen Anordnung von Zeichen, Menschen, Tieren und Pflanzen darauf.

Diese Seite: Eine der freien Arbeiten von Alice mit einer Kristallglasur.

In Alices Atelier finden sich im Regal voller Rohlinge auch Gläser mit Farbkörpern – darunter ganz spezielle Majolika-Farben.

Ein präziser Entwurf für ein Fliesenmuster ruht auf monochrom glasierten Mosaikstückchen, Alice wählte hier teilweise Komplementärfarben.

Oben: Formvollendetes trifft auf noch Formloses: glasierte Fliesen vor Rohtonmasse.

Unten: Auf einer Töpferscheibe warten ein Bordürenstück, ein Spachtel und ein Drehholz auf die nächsten Arbeitsschritte.

Glasierte Stückchen für ein Mosaik oder eine Bordüre auf frischem Ton-Verschnitt.

»In der Nähe von Lissabon gibt
es einen Palast, da habe ich mir
ein paar Inspirationen abgeguckt.«

Die Fliesen-Oberfläche des Esstischs gestaltete Alice selbst, und auch in der Küche entdeckt man einige ihrer reduziert gehaltenen Gebrauchskeramiken. Die scheinbar in eine meerblaue Ferne abdriften wollen: »Türkise Glasuren sind nicht nur einfach, ich fühle mich dem Süden auch sehr verbunden – Blautöne haben dort in vielen Ländern eine lange Tradition«, erklärt Alice. Man hört ihr gerne zu: Ihre Stimme ist warm und in ihrer Sprache klingt, wenn auch fast unmerklich, noch die österreichisch-ungarische Herkunft ihrer Mutter nach.

Seit fast 40 Jahren kreiert sie nun Keramiken. Aufträge erhält sie heute meist für Kacheln und Majolika-Malereien, doch sie fertigt auch Vasen und Tafelgeschirr an; und Objekte, bei deren Gestaltung sie einfach ihrer Fantasie und ihren Impulsen folgt.

Begonnen hat Alice jedoch – erst an der Genfer Kunstakademie und später in Brüssel – mit Porträtmalerei. »Das aber war nicht meines. Ich machte dann eine Ausbildung zur Keramikerin in Sevilla, erlernte auch die Majolika-Malerei.« Workshops folgten, wie etwa in der Stadt Faenza in Italien, nach der die Fayencen benannt sind und die eines der Zentren für farbig glasierte Tonware ist.

»Zu dieser Kunst kam ich aus freien Stücken«, erzählt Alice. »Ich glaube, dass jeder Mensch ein ganz eigenes Wesen ist. Die Familie gibt einem nur die Ambiance, um die Aufgaben, die wir in dieser Welt haben, besser lösen zu können.« Sie lächelt. »Obwohl«, räumt sie ein, »die Mutter meiner Mutter sich mit Porzellanmalerei eine Zeit lang einen Nebenerwerb schuf. Komplette Service, von ihr bemalt, wurden damals in Holzwolle verpackt an die Porzellanmanufaktur Nymphenburg verschickt, wo sie diese mit einer Sondererlaubnis brennen lassen durfte. Und mein Großvater väterlicherseits sammelte Kachelöfen. Mit einem Pfarrer machte er ein Tauschgeschäft: Dessen wunderschönes, aber schlecht heizendes Modell aus dem frühen Barock ersetzte er durch einen neuen gusseisernen Ofen. Und Jahre später fanden wir ein grünes Exemplar auf dem Speicher, es wurde dann als Attrappe in die hiesige Schlossgaststätte eingebaut. Ich habe dafür die Ersatzkacheln gebrannt und die passende Glasur nachgemischt.«

Das Zeichen von Alice Toerring sind ihre verschmolzenen Initialen.

Zu neuen Aufgaben, mit feinsten Antennen

Ihre lebenslange Leidenschaft für ihren Beruf – Alice feierte erst kürzlich ihren 70. Geburtstag – schöpft sie auch aus der Abwechslung: »Eine Weile formte ich nur Schalen mit gewellten Oberflächen. In einer anderen Periode verfiel ich dem unter Keramikern grassierenden Snobismus, beim Experimentieren mit Kristallglasuren möglichst große Kristalle zu erzeugen. Dann wieder nahm ich die Struktur der Schlossmauer hier mit Ton ab und goss sie in Gips. Es gab in dem Sinn nie Unterbrechungen in meinem Tun, höchstens Phasen, in denen man, elegant ausgedrückt, recherchiert. Da ist man vielleicht weniger produktiv. Nur in den letzten eineinhalb Jahren hinderten mich Meniskusprobleme manchmal am Tagwerk.«

Seit einiger Zeit befasst sie sich mit alternativen Therapiemethoden. Sie entwickelt Behandlungen auf der Basis von ätherischen Ölen, erwirbt gerade auch ein entsprechendes Zertifikat. Nebenbei stellt sie Badesalze und Cremes her. »Das mit meiner anderen Passion, der Keramik, zu verbinden, ist eine Herausforderung.« Bisher ist die Duftlampe der kleinste gemeinsame Nenner.

Alices Atelier liegt in einem kleinen Pavillon, gleich jenseits der Brücke, die über den einstigen Burggraben führt. Zur einen Seite blickt sie in die juligrüne Schlucht, zur anderen auf den Schlosshof mit seinen Boutiquen und Ausflugsgästen. Brennofen und Walze, Glasurmischungen, Metalloxide wie Kupfer, Eisen oder Mangan, unglasierte Kacheln und transparent verpackte Tonstränge umgeben sie hier. Und manchmal Musik: Klassik, Soul, sphärische Klänge oder temperamentvolle Opernarien. »Meistens arbeite ich jedoch in der Stille; allein, aber ohne trübsinnig zu werden. Und am glücklichsten bin ich, wenn ich etwas Neues kreiere und mich meinen freien Arbeiten widme. Oft bestehen sie aus einzelnen Teilen, die aufeinandergesetzt werden. Und immer haben sie eine Bewegung drin, mitunter auch Rillen oder eine andere Struktur – sie sind zum Beispiel vorne aufgebrochen.«

Alice hat gewissermaßen einen sechsten Sinn: Als Kind sah sie übergroße Lilien, die kein anderer zu entdecken vermochte. »Dafür wurde ich gemaßregelt. Später dann erschienen mir auch Personen.« Die Beschäftigung mit dem Andersweltlichen, mit dem von den rational Denkenden nicht Anerkannten, verließ sie nie: Einmal besuchte sie sogar einen Sommerakademie-Kurs für Astrologie in Cambridge. »Eine gesteigerte Wahrnehmung befeuert die Kreativität«, sagt sie und es klingt fast dankbar. »Das erklärt auch meine große Liebe zu Ton. Es fasziniert mich so sehr, wenn ich die weiche Masse in den Händen habe. Ich brauche dieses Material wohl, um mich zu erden. Sonst hebe ich ab.«

Ein Sommertagstraum: Die schattige Terrasse auf Schloss Seefeld verströmt klösterliche Ruhe. Ein Ort, der zur Beschäftigung mit altem Heilwissen inspiriert ...

Oben: Alice Toerring entwickelt als Expertin für Heilpflanzen auch Pflegeprodukte wie die Anti-Aging-Körpercreme Juwel der Aphrodite, hier liebevoll zwischen Orchideenblüten drapiert.

Unten: Aromatische Bienenwachsperlen und duftendes Öl.

Von Schrühbrand und Schleppern – so entstehen bei Alice Toerring Fliesen und Majolika

Bei der Herstellung von Fliesen wird der Ton zunächst ausgewalzt und muss ein paar Stunden lang antrocknen. Nun wird er geschnitten, die Stücke werden dann einige Tage zwischengelagert: »Am Anfang beschwere ich sie noch, so verformen sie sich nicht«, erläutert Alice. »Wenn sie in etwa lederhart sind, stapele ich sie im Regal, bis sie staubtrocken sind. Dann werden sie geschrüht, also gebrannt – vorsichtig bei etwa 800 Grad, denn da könnten sie sich noch mal verformen.« Nun sind die Kacheln bereit zum »Tauchen«. Dabei kommen sie in einen Eimer mit flüssiger Farbglasur: »Nur ganz selten verwende ich noch Sprühglasur, das wird manchmal gleichmäßiger. Ein Untergrund für Majolika-Malerei wird ebenfalls meistens getaucht.« Die Restglasur wird nun von den Rändern der Fliesen entfernt, woraufhin diese dann im Ofen mit genügend Abstand zueinander (damit die Heißluft zirkulieren kann) bei einer Endtemperatur von 1050–1250 Grad (je nach Glasur) geschrüht werden.

»Für schrille Farben eignen sich niedrigere Temperaturen, obwohl Küchenkacheln bei großer Hitze robuster werden«, fügt Alice hinzu. »Schließlich male ich mit langen Pinseln, sogenannten Schleppern, die Majolika auf.«

Für eine Ausbildung empfiehlt Alice etwa die Keramikschule Landshut oder die Escola de Ceràmica de La Bisbal nordöstlich von Barcelona. »In England gibt es tolle Angebote, doch ich halte auch private Kurse für sinnvoll. Man bekommt überall aber nur ein gewisses Rüstzeug – die eigene Note muss jeder selbst entwickeln.«

Eine Postkarte aus der Serie TYPOZOO, darunter das Satzschiff mit dem dazugehörigen Bleisatz-Druckstock: Er ist aus vielen kleinen Schmuck- und Formelementen zusammengesetzt.

Annette Vogel
Buchkünstlerin, Grafikerin und Biologin

Die poetischen Seiten der Buchkunst

Andy Warhol experimentierte mit ihr, Pablo Picasso und auch Anselm Kiefer: Bei der Buchkunst vernetzen sich Grafik und Handdruck, Zeichnung und Buchbinderei mit schöpferischer Imagination und einem feinen Gespür für Sprache zu einem viel größeren Ganzen. Annette Vogel ist eine Vertreterin dieser seltenen Zunft, die, wie sie sagt, »immer erklärungswürdig ist«. In ihrem Atelier in München gestaltet sie Unikate und Kleinstauflagen von Büchern – von der Idee bis zum Einband.

»Sobald ich anfange, Schrift zu setzen,
vergesse ich die Zeit um mich herum.«

Das altgriechische »poiesis« meint außer der Dichtkunst noch »Machen, Hervorbringung, Erzeugnis, Erschaffung«. Und es scheint fast, als würde Annette Vogel ihre Buchkunst als Akt der Schöpfung auch im weiteren Sinn begreifen. Immer jedenfalls liegt ihren Einzelexemplaren und kleinen Reihen von 5 bis 25 fast identischen Büchern ein eigenständiges Konzept zugrunde.

In ihrem Werk *Über das Verschwinden* etwa fand die Buchkünstlerin und Biologin eine glänzende Analogie zum Artensterben in der Insektenwelt: Fehlt nur ein einziges der kleinen Kerbtiere ganz und gar, verändert das ein hochkomplexes Geflecht biologischer Wechselbeziehungen – ja, dies könnte sogar zusammenbrechen. Das wäre, so Annettes Gedanke, vergleichbar mit dem Wegfallen einzelner Buchstaben aus unserem Alphabet, wodurch wir bestimmte Worte und Sätze nicht mehr bilden könnten. Jedem der 26 Grundbuchstaben im Deutschen ordnete sie daher eine stark gefährdete oder vom Aussterben bedrohte Insektenart zu: »Ich entschied mich beim Alphabet für den deutschen Namen der Tiere, was absolut unwissenschaftlich ist – doch ›Christophskraut-Lappenspanner‹ oder ›Dickhörnige Kamelhalsfliege‹ klingen einfach poetischer, anschaulicher und witziger. An anderer Stelle im Buch findet sich aber noch eine Zuordnung der deutschen zu den lateinischen Namen, wegen der wissenschaftlichen Eindeutigkeit.« Anfangs hatte sie sogar vor, mit den Strukturen,

Oben links: Annettes Atelier mit Schränken voller Schriften und ihren Buchkunstarbeiten auf dem Tisch. Die Wände zieren Einzelblätter.

Oben rechts: Druckformen aus Holz.

Rechte Seite, gegen den Uhrzeigersinn: Neue Arbeiten hängen an einer Trockenleiste.
Unten links: Auf dem Schriftschrank sind historische Druckstöcke zu sehen, an der Wand die Handpressendrucke Florale Blätter #2 *und* Freiheit.
Rechts davon: Annette an der Buchbindepresse.

die die Insektenkörper vorgeben, ganze Seiten zu gestalten. »Die winzige Hochmoor-Spornzikade etwa ist wunderschön. Doch ich dünne meine vielen Einfälle dann immer weiter aus, zugunsten von sehr reduzierten Arbeiten; lieber bringe ich eine Idee auf den Punkt.« Für jedes Projekt sucht Annette auch sorgsam nach Texten, die ihre Gedanken in Worten ausdrücken – in diesem Fall fand sie Verse aus Johann Wolfgang von Goethes *Faust II*.

Ein anderes Deutschland, eine zweite Berufung

All das setzte sie dann in Bleistift- und Tuschezeichnungen und im Handpressendruck mit Holz- und Bleilettern um. Fantasie, ein Konzept, naturwissenschaftliche und ökologische Aspekte, Grafik und Schrift, Druckkunst und Zeichnung ergeben so mit der Dichtung Goethes ein neues, einzigartiges In- und Miteinander.

Der Blick der Biologin aber durchdringt Annettes schöpferische Arbeit mit Papier und Schriften schon immer. »Auch wenn ich literarische Texte verwende, geht es mir um existenzielle Fragen und das wunderbare, vielfältige, einzigartige und fragile Phänomen ›Leben‹.« Umgekehrt arbeitete sie bereits während ihres Biologiestudiums in Leipzig nebenher auch künstlerisch, vor allem mit druckgrafischen Techniken.

Kurz nach dem Diplom verließ sie allerdings die damalige DDR, noch vor der Wende, über Ungarns da bereits offene Grenze. In den 1990er-Jahren studierte sie in München zunächst Grafikdesign und machte sich nach dem Abschluss selbstständig. Nebenbei perfektionierte sie ihr Auge beim naturwissenschaftlichen Zeichnen und war zudem Gasthörerin an der Akademie der Bildenden Künste München.

»1994 geriet ich dann in ein Bleisatzseminar: Zur Grafik kamen jetzt die Schrift und der Buchdruck, der Sprung vom einzelnen Blatt zum mehrdimensionalen Buch war eine Initialzündung. Und das konzeptuelle naturwissenschaftliche Denken durfte bei einem Entwurf miteinfließen. Plötzlich war es möglich, alle meine Fachgebiete zu verbinden.« Dennoch sollte es noch dauern, bis sie 2005 ihr Atelier für Buchkunst und Druckgrafik, die »vogelpresse«, gründete. 2009 folgte auch noch ein Aufbaustudium der Buchkunst an der Burg Giebichenstein Kunsthochschule Halle. Heute tritt die Auftragsgrafik immer mehr in den Hintergrund: »Über die Zeit habe ich mich in meiner Arbeit so weiterentwickelt, dass ich mich heute als Buchkünstlerin sehe.« Ihre Werke zeigt sie auf Buchkunstausstellungen oder -messen im In- und Ausland, ihre Käufer sind öffentliche und private Sammlungen oder aber Liebhaber.

Buchkunst ist Bildende Kunst

Daneben gestaltet sie noch Einzelblätter – oder Postkarten, die »spontan, spielerisch, oft zufällig entstehen und auch ein Gegenentwurf zur digitalen Korrespondenz sind«. Ihr Buchkunstwerk *Machen* entstand in einer ungewöhnlich hohen Auflage von 47 Exemplaren und kreist um unser ständiges Tun und Wirken. Annette zog hier eine Fülle an Texten heran, flocht aber auch eigene Gedanken mit ein. »Bleisatz und Druck gerieten hier zur wahren Typo-Orgie«, erklärt sie amüsiert.

Das Auf und Ab verfahrener Liebesbeziehungen motivierte ihr Buch *Wellenlängen*. Dazu verfremdete sie Film-Stills des chinesischen Regisseurs Wong Kar-Wai, das Gedicht *Sprachgitter* von Paul Celan wirft einen weiteren Blick auf die Idee. Und eine alte Lexikon-Definition von »Wellenlängen« – Ausführungen über Teilchen, die sich anziehen und abstoßen – zieht sich als blauer Text über transparente Seiten.

Wo Ebenen und Disziplinen zu neuen Sinngefügen verschmelzen

Das Buch *Zeitlupe* geht der Frage nach, wie wir unsere Zeit, unsere Epoche, wahrnehmen würden, wenn wir langsamer leben, uns langsamer bewegen würden. Ein »leises« Gedicht von Reiner Kunze reflektiert darin »über das Raumschiff, mit dem wir durchs All reisen – nämlich unseren ›Blauen Planeten‹«, beschreibt Annette.

Irgendwie haben ihre Arbeiten immer mit den Phänomenen zu tun, die unser (Da-)Sein bestimmen.

Die präzise Beobachtung der Naturwissenschaftlerin trifft auf die ähnlich umfassende Weltaneignung der Dichter – die etwa über Sprachbilder kaum verwandte Dinge miteinander verknüpfen; die dabei sind, wenn der Makrokosmos in den Mikrokosmos stürzt. Sie betrachtet die Welt von allen Seiten, »von außen und von innen«. Dieses multiperspektivische Sehen und das Verschmelzen so vieler Einzeldisziplinen schafft neue Verbindungen, ein Gesamtkunstwerk und unbekannte Sinngefüge. So gesehen ist Annette selbst eine Poetin.

In jeder Schublade ein Schatz: Diese Holzlettern in Kursivschrift changieren in etlichen Brauntönen.

Diese Versammlung von Druckformen zeugt von deren Vielgestaltigkeit und gleicht für sich genommen einem Kunstwerk: Hier finden sich beispielsweise Holzbuchstaben, Galvano- und Polymer-Klischees, Holzschnitte, Schmuckelemente aus Blei, Formelemente und Linien aus Holz.

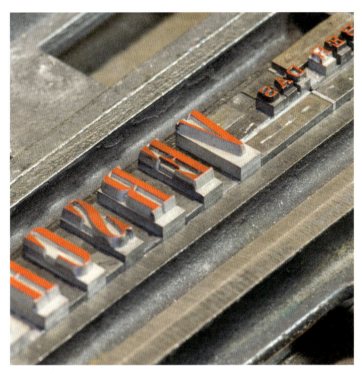

Mit alarmroter Spezialfarbe, einer Handfarbwalze und einem Farbspachtel werden die einzelnen Elemente zum Drucken eingefärbt – in diesem Fall sind es Bleilettern.

Heraus kommt das Titelblatt zu Annettes neuem Buchkunstwerk Über das Verschwinden, *in dem sie sich mit (vom Aussterben) bedrohten Insektenarten beschäftigt.*

Leichtfüßig: Annettes Letterpress-Postkarten, hier u. a. Exemplare aus den Serien TYPOZOO, TYPOGARTEN, Ansichten in Blei *und* Gourmet-Karten.

Annette gestaltet auch kunstvolle Einzelblätter wie die Flucht aus der Zeit 2016 *– in memoriam Hugo Ball zum hundertjährigen Jubiläum der »Dada«-Bewegung.*

Ganz rechts: Mit dem Phänomen »Zeit« und unserer Wahrnehmung davon setzt sie sich in ihrem Buchprojekt ZEITLUPE *auseinander – hier zwei Doppelseiten daraus.*

Im Mikrokosmos des Handpressendrucks

Steigt man vom Atelier in Annette Vogels Druckwerkstatt hinunter, offenbart sich eine akribisch aufgeschlüsselte Welt, die an die Zettelkästen in einem Archiv denken lässt. Ein unendlich kleinteiliger, wohlsortierter Fundus von Blei- und Holzschriften, winzigen Linien und Schmuckelementen, Bögen, Halbkreisen und Kreisen in Blei und Messing findet sich dort – über Jahre zusammengetragen und höchst selten in seiner Vielgestalt. Und dort stehen zum Teil historische Geräte und Werkzeuge, die für den Handpressendruck unabdingbar sind, wie eine Korrex-Handabziehpresse aus den 1960er-Jahren. Druckformen werden aus Schrift respektive Formelementen und dem notwendigen Blindmaterial mithilfe eines Winkelhakens im Satzschiff gesetzt; zwei Stege begrenzen das Format. Das »Blindmaterial« ist niedriger als die Schrifthöhe und sorgt für Wort- und Zeilenabstände, taucht also später im Druck nicht auf. Das Maßsystem im Bleisatz ist nicht metrisch, sondern basiert auf einem Punktsystem (1 Didot-Punkt = 0,376 mm). Der fertige Drucksatz wird mit der Kolumnenschnur fixiert und kommt dann in die Abziehpresse, wo er mit Schließzeugen fest eingespannt wird, damit der Druck gelingt und das Satzmaterial und die Druckwalzen nicht beschädigt werden. Nun kommt Farbe auf die Walze, der Druckzylinder wird dann mit der Kurbel von Hand betätigt. »In meinen ersten freien Arbeiten habe ich Schrift und Grafik ausschließlich gedruckt«, erzählt Annette. »In letzter Zeit verbinde ich Typografie und druckgrafische Techniken wie Holzschnitt, Monotypie oder Radierung mit Handschrift und Zeichnungen.« Diese vielen Ebenen aber machen nur einen kleinen Teil ihrer Kunst aus – den zweidimensionalen.

Sie irritieren ein bisschen im Stadtbild – und sind doch ein ganz selbstverständlicher Anblick: Christels Alltagsmenschen, hier die Reise nach Jerusalem.

Christel Lechner
Bildhauerin und Installationskünstlerin

Ganz schön alt

In einer Gesellschaft, in der jedes graue Haar sofort übertüncht wird und die besessen ist von Jugend und schlanken, dynamischen Schönen, verbreiten Christel Lechners *Alltagsmenschen* unverhoffte Ruhe: Die meist bejahrten und beleibten, immer aber entspannt wirkenden Figuren aus bunt bemaltem Beton lassen Passanten innehalten und genauer hinsehen. Und oft springt dabei ein Funke ihrer Beseeltheit auf die Betrachter über und flüstert: Ein rundes In-sich-Sein ist über alle äußeren Zwänge erhaben.

»Meine *Alltagsmenschen* sind trotz des
Materials Beton immer sehr lebendig.
Und sie strahlen ein bisschen Selbstironie aus.«

Als Kind verbrachte Christel Lechner viel Zeit mit ihrer Mutter im Garten; es waren die Nachkriegsjahre, man war glücklich über das Wenige, was man hatte. Das Grün und die Blumen auf dem Fleckchen Erde – eine Art Schrebergarten, mit einem kleinen Holzhäuschen dazu – prägten Christels Liebe zur Natur. Aber auch die Menschen ringsherum, die über ihren Gartenzaun hinweg ein Schwätzchen hielten, hinterließen ihre Spuren: »Ich habe sie genau beobachtet, ob sie nun Frau Bornemann hießen oder Frau Lohmann.«

Ihre Mutter war bereits 45 Jahre alt, als sie Christel zur Welt brachte: »Das war damals etwas ganz Besonderes«, erinnert sich die Künstlerin. »Im Krankenhaus nannten sie sie ›unsere älteste Mutter‹. Sie war später sehr stolz darauf, dass sie mich großgezogen hat, in einer Zeit, in der es kaum genug zu essen gab.«

Diese Themen ihrer Kindheit – die Nähe zur Natur, die bodenständigen Menschen und die Älteren – hat Christel

Die Burckhard-Kramer-Stiftung kaufte an die 80 Alltagsmenschen *und stellte sie dann im öffentlichen Raum von Rheda-Wiedenbrück auf.*

Wie etwa die Gruppe auf dem Roten Sofa (oben) – hier jedoch zu sehen auf dem Lechnerhof, wo die Farbe der Figuren über die Wintermonate generalerneuert wird.

Linke Seite: In Rheda-Wiedenbrück ist auch die Tischinszenierung zu finden (oben), und eine Tanzgruppe vergnügt sich dort in der Abendsonne (unten).

Oben: Die Skulpturen werden inzwischen mit Kreidefarben bemalt, die zuvor in Wasser gelöst wurden.

Links: Manche Malerpaletten sind selbst Kunstwerke.

Von der Inspiration zur Transpiration: Nach der Konzeption der Figuren ist vor allem handwerkliches Können gefragt (hier: Silikonarbeiten).

als roten Faden weitergesponnen: Früh zog sie mit ihrer Familie in ein altes Bauernhaus bei Witten an der Ruhr und umgab es mit einem blühenden Garten. Heute wird es von allen nur der »Lechnerhof« genannt.

Ihre beiden Töchter waren schon fast erwachsen, als die Keramikmeisterin, die zeitweise auch einen Lehrauftrag an der Universität Bochum innehatte, damit begann, einen bestimmten Schlag Menschen zu porträtieren.

Kunst, die im Auge des Betrachters entsteht

Ihre großformatigen Skulpturen aus Beton sind Zeitgenossen nachempfunden, wie sie uns tagtäglich begegnen: »Wir treffen sie morgens beim Bäcker; es sind die Leute, die uns darauf hinweisen, dass wir falsch geparkt oder unser Konto schon wieder überzogen haben; und viele davon haben bereits graue Haare«, schildert Christel. »Wenn man durch die Stadt geht, denkt man manchmal: Wie dick ist die denn bloß? Und ›die‹ trägt dann ein rotes Kleid mit Streifen oder einen Jersey-Rock, weil der ja mitwächst. Man sieht große, stämmige Frauen, denen kleine Männer Taschen hinterhertragen. Sie haben eine ganz dünne Bluse aus Chiffon an, weil sie das irgendwie zarter wirken lässt. In ihrem Ausdruck aber sind sie in sich so glücklich und fühlen sich damit schön und vollkommen. Und in dieser Eigenschaft, sich selbst positiv annehmen zu können, liegt auch ein bisschen der Ursprung meiner Arbeit. Als ich damit anfing, ging es mir nämlich vor allem um das Stolze der Frauen. Meine erste Figur hieß dann auch *Frau Bornemann* und trug so eine Art ›Ganzkörperkorsett‹.«

Die Künstlerin möchte mit ihren bunten, doch keineswegs idealisierten Figuren Menschen nicht karikieren. Eher will sie ihre kleinen Schwächen darstellen, Eigenheiten, Gewohnheiten oder Quasi-Rituale: das Feinrippunterhemd, einen modischen Trend, die in die Hüften gestemmten Arme, die Polonaise bei der Vereinsfeier oder den Besuch beim Friseur. Und vor allem will sie die Lebenslust ihrer Vorbilder transportieren, eine »Freude, die gespürtes Leben ist«.

Von Anfang an sah sie ihre *Alltagsmenschen* im öffentlichen Raum – und weniger in Galerien und Museen: »Ich wollte damit Leute ansprechen, die im Kunstrummel nicht so zu Hause sind, und ihren selbstkritischen Humor befeuern. Was ich mache, ist ja immer eine Gratwanderung: Es darf kein Comic werden und auch nicht einfach eine Darstellung von Omma und Oppa mit Strickzeug und Pfeife. Die Ausstrahlung der Figuren ist das Wesentliche: Oft geht ihr Blick leicht nach innen, und sie lächeln ein bisschen. Sie sollen uns in einem vertrauten Augenblick des Lebens abholen. Die Skulptur ist dabei nur das Medium. Das, was dann im Kopf bei den Menschen passiert, die sie betrachten, ist die eigentliche Kunst.«

Mittlerweile waren ihre Figuren schon in Berlin auf dem Potsdamer Platz, in den Niederlanden oder auf der »Art Karlsruhe« zu sehen. Und Christel erhält große Resonanz auf ihre Installationen – etwa dankbare Briefe. Gut, nicht jedes Mal: »Als wir meine allererste Figur in meiner Geburtsstadt Iserlohn aufbauten, kam eine ältere Frau vorbei und sagte: ›Das ist ja eine Unverschämtheit. Was haben Sie sich denn dabei gedacht? So sieht doch keiner aus. Dass man jetzt die Alten hier auf die Straße stellt!‹«

Christel selbst empfindet das Alter und das Älterwerden als positiv. »Doch für die Mehrheit der Menschen bedeutet alt sein, hässlich zu sein. Jung sein und jung bleiben ist dagegen das ultimative Ziel. Doch ich glaube, es ist wichtig, dass man lernt, über sich selbst lachen zu können, wenn man älter wird. Ja, man sollte sich gerade dann mit viel Respekt, Humor und Selbstironie gegenübertreten.«

Porträts von Menschen im Ruhrpott

Das Robuste an ihren Betonfiguren ist auch ein Ausdruck der Selbstbejahung: »Präsenz bedeutet für mich, dass man sich mit dem, was man hat, in diesem Moment im Leben verankert und sagt: ›So, jetzt bin ich hier!‹«

Schließlich aber setzt Christel auch ihrer Heimat und der besonderen Mentalität dort immer wieder ein Denkmal: »Mit einer Buddel Bier auf der Bank sitzen und auf den Taubenschlag gucken, bis die Vögel wieder fliegen, das ist typisch für das Ruhrgebiet. Doch dieser Landstrich ist auch ein Schmelztiegel von allen möglichen Menschen, die nebeneinander leben. Und leben lassen.«

An Christels Sujet wird das nichts ändern: »Sobald ich Migranten darstellen würde, würde man mich fragen: Warum machen Sie keine Leute mit Rollstuhl oder Jugendliche mit Handy? Mir aber geht es um ganz bestimmte Menschen. Und das macht auch meine künstlerische Identität aus.«

Einen neuen Plan hat sie dennoch: »Die Prototypen meiner Figuren sammle ich. Ich wünsche mir, dass irgendwann alle 120 Skulpturen zusammen in einem Park ihre Heimat finden.« Auch dort würde man sie dann in ihrer Dreifachrolle erleben – als Abbilder, Spiegel, Gegenüber.

Rosige Aussichten: Diese Figuren reisen bald auf eine Ausstellung nach Hamm.

Oben: Eine Tanzgruppe im Maximilianpark im nordrheinwestfälischen Hamm. Das vormalige Zechengelände wurde renaturiert – ein stimmiges Umfeld für Christels Alltagsmenschen.

Mitte: Dort transportieren auch Die Schwimmerinnen spürbare Lebensfreude.

Unten: Der Lechnerhof bei Witten beherbergt Christel und ihre Großfamilie – und selbst ihre (frühen) Schweinchen-Figuren verfügen über ein eigenes Fachwerkhaus. Unter der Glasdachpyramide liegt das Werkstatt-Atelier.

Christel und ihre Tochter Laura, eine Malerin (das Gemälde im Hintergrund stammt von ihr). Sie will die Arbeit ihrer Mutter fortsetzen.

Beton, der lächelt

Seit 20 Jahren verbessert Christel Lechner die Rezeptur für ihre großformatigen Skulpturen aus Sichtbeton – und genau deswegen soll diese auch weitgehend geheim bleiben. Immer aber fertigt sie zunächst eine Skizze ihrer Ideen für Gruppeninstallationen oder Einzelfiguren an. Bei einer Gruppe wird zusätzlich noch ein kleines Modell aus Ton geformt, das dann noch entsprechend arrangiert und komponiert wird. Wesentlich für die spätere Umsetzung ist hier auch die Haltung der Figuren. Das Modell wird dann im endgültigen Format in Kunststoff ausgeschnitten und mit Spezialbeton beschichtet – inzwischen hilft der Künstlerin dabei ein bis zu vierköpfiges Team.
»Der Ausdruck auf einem Gesicht gelingt dann manchmal sofort – und manchmal rutscht es nicht so«, erklärt Christel. »Das Material trocknet auch sehr schnell, daher kann man Details nicht so auf den Punkt getroffen ausarbeiten wie etwa bei einem Keramikobjekt.« Bei der Farbgebung verwendete sie früher Acrylfarben, jetzt werden die Figuren mit Kreidefarben bemalt: »So wirken sie weicher, sanfter und skulpturaler«, beschreibt Christel. »Wir tragen die Farbe aber nie opak auf, sondern in mehreren Schichten; dann werden sie nochmals verrieben.« Sind die *Alltagsmenschen* schließlich vollendet, werden sie auf einen 7,5-Tonner verladen und reisen dem Ort ihrer Bestimmung entgegen.

Bestandteil eines historischen Berliner Treppenhausfensters, der aus Echt-Tischkathedralglas, Einbleisteinen – das sind die kleinen gelben runden – und Pressglasblüten besteht.

Christiane Mergner
Glasmalerin und Meisterin des Glaserhandwerks

Der Ruf des bunten Lichts

Ihr Werkstoff ist zerbrechlich und durchscheinend, Christiane Mergner aber steht mit beiden Beinen im Hier und Heute. Sie lacht gerne und oft und schon früh war ihr klar, was sie im Leben erreichen will: selbstbestimmt und künstlerisch arbeiten; sehen, was ihre Hände geschaffen haben, und vielleicht der Nachwelt etwas hinterlassen. Inzwischen ist sie eine der erfolgreichsten Kunstglaserinnen Deutschlands – mit einem facettenreichen Alltag und einem Showroom in Berlin-Mitte.

»Mein Beruf ist meine Freude.
Ich denke morgens nie:
Oh je, ich muss zur Arbeit.«

Im Showroom erstrahlt in einem Leuchtkasten eine Glasmalerei nach einem Motiv des Jugendstil-Künstlers Alfons Mucha.

Rechte Seite: Ausschnitt aus dem »Womacka-Fenster« im ehemaligen DDR-Staatsratsgebäude, das »Berlin-Glas« restaurierte.

Im Mittelalter, da blühte die Glasmalerei: Vom Himmel hoch fiel das Licht durch bunte Kirchenfenster in die Kathedralen. Da zerlief es zu sagenhaften Farben, bevor es die Gläubigen zu Füßen der Kanzeln und Altäre küsste. Und weil in den Fenstern meistens Bibelszenen zu sehen waren, erleuchtete es die göttliche Botschaft einmal mehr.

Das Licht der Weisheit zog auch Christiane Mergner an: Als Gymnasiastin wollte sie Philosophie studieren. Doch sie merkte bald, dass ihr etwas Handfestes, Kunstaffines mehr lag: »Ich begriff, dass das, was Papa machte, gar nicht so verkehrt war.«

Ihr Vater hatte eine Kunstglaserei in dem kleinen Ort in Unterfranken, in dem Christiane auch aufwuchs. In seinem Ein-Mann-Betrieb in der Garage entstanden farbige Bleigläser. »Unser Haus war voller bunt leuchtender Schätze«, weiß sie noch. »Tagsüber spielte ich in der Werkstatt und abends waren das Geräusch des Glasschneiders, das Klopfen und Hämmern noch lange zu hören. Vater hat viel gearbeitet, aber seinen Beruf sehr geliebt. Und wir konnten gut davon leben.«

1988 begann sie deshalb an der Glasfachschule im hessischen Hadamar eine Ausbildung zur Glas- und Porzellanmalerin,

Hinten im Bild Opaleszentglas in Ockergelb und Grün, ganz vorne sieht man im Mundblasverfahren und nach der Überfangtechnik hergestelltes oranges Glas der Glashütte Lamberts.

Die letzte Blüte von Glasmalerei und Bleiverglasungen erlebte Deutschland in der Gründerzeit: Damals versah man in Berlin fast jedes Treppenhaus mit farbenprächtigen (Innen-)Fenstern und Oberlichtern.

Eines der wichtigsten Werkzeuge Christianes ist der Glasschneider, hier in einer hochwertigen Version mit Schneiderädchen aus gehärtetem Stahl.

Auf einem Entwurf der Künstlerin Helen Verhoeven liegen kleine Stücke farbiges Echt-Antikglas. So sieht Christiane, welche Gläser sich für die Umsetzung von Verhoevens Kunstwerk eignen.

wie das Berufsbild damals noch hieß. »Von den Kontakten, die ich an der Schule knüpfte, profitiere ich noch heute. Die Lehrjahre mit Fächern wie Kunstgeschichte, Naturzeichnen und Farblehre waren schön, doch wir waren auch in einer Art Blase: Im richtigen Leben eine Stelle zu finden, war und ist nämlich nicht ganz leicht.«

Als junge Gründerin in Berlin

Zuerst verschlug es sie daher nach Osnabrück. Doch eigentlich wollte sie ins lebendige Berlin. »Nach dem Fall der Mauer machte ich meine Gesellenzeit dann in einem kleinen Betrieb im Berliner Osten zu Ende.« Zur Meisterprüfung kehrte sie aber wieder an ihre alte Glasfachschule in Hadamar zurück – der Titel ist eine Voraussetzung, um sich in Deutschland selbstständig machen zu können. »Die Stadt Berlin, in der ich ja sowieso immer leben wollte, bietet eine Meistergründungsprämie an: Heute sind das um die 10 000 Euro, damals waren es 20 000 DM. Das war eine große Hilfe. Dazu kam sechs Monate lang ein Übergangsgeld vom Arbeitsamt.«

Sie machte sich also an einen Businessplan: »Außer Geld braucht man natürlich noch Räume, eine Ausstattung, Kunden und einen Markt. Zu meinem Glück war ein paar Jahre zuvor die ›WeiberWirtschaft‹ der gleichnamigen Frauengenossenschaft in Berlin-Mitte entstanden: Auf einem historischen Fabrikgelände hatte man Gewerbeflächen für Frauen und ihre Firmen geschaffen. Ich glaube, ich habe im Radio von diesem Gründerinnenzentrum erfahren. Tatsächlich bekam ich einen Raum – und der Standort, das Umfeld und das Netzwerk, zu dem ich hier Zugang habe, erwiesen sich als hervorragende Fügung. Ich mietete später sogar eine Genossenschaftswohnung und meine Kinder gingen hier in die Kita.«

Heute steht sie auf demselben Areal in ihrem Showroom. Ein Mitarbeiter berät Kunden, die sich für eine gläserne Trennwand interessieren. Das Bildnis einer Jugendstilfee, anmutig wie der Frühling selbst, wächst vom Boden bis fast unter die Decke – eine Glasmalerei nach dem tschechischen Künstler Alfons Mucha: »Ich übertrage seine Motive oft und gerne auf Glas, vor allem für Privatkunden«, erklärt Christiane. »Seine Kunst mit den klaren Flächen und Linien ist prädestiniert dafür.«

Alle handwerklichen Arbeiten werden mittlerweile in ihrer Werkstatt in Berlin-Weißensee verrichtet. Dort hat auch die Vergolderin Michelle Sachs ihr Atelier (siehe S. 118), mit der Christiane hin und wieder an gemeinsamen Projekten arbeitet.

Leidenschaft gepaart mit Realismus

Gerade am Anfang unternahm Christiane viel, um bekannter zu werden: »Ich drückte einige Klinken, ob bei Kirchen, Museen, Tischlereien oder Privatleuten.« Trotzdem merkte sie, dass Kunstglaserei und Glasmalerei allein zum Leben nicht ausreichten. Gemeinsam mit ihrem Lebensgefährten vergrößerte sie daher das Leistungsangebot, die klassische Glaserei kam dazu. Weitere Bausteine wurden der Innenausbau – also etwa Duschen, transparente Türen und Raumteiler – und die Vertretung eines italienischen Herstellers für High-End-Raumsysteme. 2014 dann kam es zur beruflichen und privaten Trennung, eine Zäsur in Christianes Leben. Seither führt sie den lokal agierenden Berliner Handwerksbetrieb alleine weiter. Doch nichts trübt ihren Enthusiasmus für die Kunstglaserei: »Das ist meine Liebe und meine Leidenschaft. Dass ich das machen darf, ist ein Geschenk!«

Herausragende Aufgaben für eine herausragende Meisterin

Dieser Tage arbeitet sie viel mit der Niederländerin Helen Verhoeven zusammen. Die Künstlerin baute zur »Art Basel 2018« eine hölzerne Kapelle mit einem Fenster-Triptychon: »Ich war sozusagen das Medium, das Helens Ideen in eine farbige Bleiverglasung übersetzte – die Malerei brachte sie aber selbst auf«, erzählt Christiane beschwingt.

Ein anderes Herzensprojekt ist das »Womacka-Fenster«, ein fast 20 Meter hohes Glasbild im ehemaligen Staatsratsgebäude der DDR, benannt nach seinem Schöpfer, dem Maler Walter Womacka. »Es ist wohl das bedeutendste Glaswerk der DDR und verbildlicht die Geschichte der deutschen Arbeiterbewegung auf ihrem Weg in eine glorreiche sozialistische Zukunft. Von der Technik her ist es eine Glasklebearbeit: Dabei wird das Glas zugeschnitten und auf eine Trägerscheibe aufgeklebt.«

Das Landesdenkmalamt Berlin bat Christiane, einen umfassenden Bericht über das monumentale Fenster zu verfassen. 2012 wurde es schließlich unter ihrer Ägide aufwendig restauriert, seither obliegt es ihrer Fürsorge.

Im Grunde ist die Kunstglaserei ja gar nicht weit weg von der Philosophie: Beide Disziplinen beschäftigt das Licht hinter den Dingen.

Christianes Werkstatt liegt heute in Berlin-Weißensee. Ihr Showroom als zentrale Anlaufstelle ist nach wie vor in Mitte.

Rechts: Hier wird sogenanntes Schwarzlot für die Glasmalerei angemischt. Glasfarbe besteht aus fein gemahlenem Glas als Trägerkörper und verschiedenen Farbpigmenten, z. B. Metalloxiden, als Farbträgern. Mit Schwarzlot werden später die Konturen gemalt (ganz rechts).

Linke Seite: Um zu testen, wie Farben auf einer Glasmalerei ausfallen, werden zuvor Proben gebrannt.

Mit Glasfarbe und Gänsekielfeder

Mittelalter und Jugendstil waren die Hochzeiten der Glasmalerei. In den überbordend geschmückten Räumen im Barock und Rokoko dagegen sollten Fenster eigentlich nur noch das Licht hereinlassen. Im 19. Jahrhundert kam es dann zu einer Renaissance der Glasmalerei, befeuert durch die Rückbesinnung auf alte Baustile und Künstlergruppen wie die Präraffaeliten und die Arts and Crafts-Bewegung in England. In Deutschland gab es in der Gründerzeit viel Kunst am Bau, zwischen 1870 und 1914 bedachte man fast jedes Berliner Treppenhaus mit Bleiverglasungen.

Glasmalerei ist das Malen mit und auf Glas: Zuerst wird dabei ein Entwurf auf Papier übertragen, der sogenannte Aufriss. Nach diesem wird das farbige, mundgeblasene Glas zugeschnitten. Die Glasteile werden nun in drei Arbeitsschritten bemalt und gebrannt: Zunächst werden die Konturen aufgetragen, mit Schwarzlot und einem extra Pinsel; es folgt der Schwarzlotüberzug, aus dem mit Gänsefederkiel- und Stupfpinsel Lichtkanten, Schattierungen und Damaszierungen herausgearbeitet werden. Jetzt erst werden die Glasschmelzfarben in verschiedenen Farben aufgemalt.

Die verwendete Glasfarbe ist im Prinzip fein gemahlenes Glaspulver mit verschiedenen Farbpigmenten und Metalloxiden; eine feste Verbindung mit dem Trägerglas entsteht, weil die Farbe im Brennofen bei 620 Grad aufgeschmolzen wird. Die Glasstücke werden dann mit Bleiprofilen zusammengesetzt und alle Kreuzungspunkte mit Lötzinn verlötet. Zuletzt wird die Bleiverglasung mit einer Mischung aus Leinöl und Kreide verkittet, um sie stabil und wetterfest zu machen. Die Vollendung eines leuchtenden Werks!

Was hier so organisch, ja, fast wie ein Tiefseewesen daherkommt, ist tatsächlich ein Porzellanmeisterwerk aus Claudias Serie Between the Tides.

Claudia Biehne
Porzellankünstlerin

Unbekannte Porzellanobjekte

Die Gesetze des Prozesshaften untersucht Claudia Biehne in außergewöhnlicher Weise: Die Leipziger Künstlerin lässt neuartige Porzellanobjekte und -skulpturen entstehen, bei denen es sich um verwitterte Ausgrabungsfunde ebenso handeln könnte wie um künstliche Fossilien oder Organismen vom Meeresgrund. Ihre Stücke reflektieren dabei über die Schöpfung, die Kreativität und das Werden an sich, gerade auch in der unbelebten Natur.

»Was schenkt uns die Natur? Was machen wir daraus?«

Ihre Schöpfungen lassen an wuchernde Röhrenkorallen denken; an Luftaufnahmen von Vulkanausbrüchen, wenn glühende Lava, dunkle Erdmasse, Wasser und Meeresschaum ineinandergespült werden; an Artefakte aus grauer Vorzeit, die im Staub vergessen wurden; oder an in Muschelkalk verwandeltes Papier. Claudia Biehnes Porzellanobjekte nehmen kaum je gesehene Formen an. Dabei sind sie oft so unterschiedlich, dass sie schon gefragt wurde, ob sie von verschiedenen Künstlern seien.

»In mir gibt es viele Paralleluniversen«, erklärt sie, zögert kurz und fährt dann fort: »Im Grunde geht es mir vor allem um den Blick auf unsere eigenen Strukturen. Was schenkt uns die Natur? Was machen wir daraus? Und können wir das nicht überdenken? Man kann ja durchaus neue Formen entwickeln. Für mich aber ist dabei die Nähe zu den natürlichen Formen wesentlich. Ich möchte mich nicht, etwa wie das Bauhaus, auf Formen beschränken. Das wäre für mich ein Weg mit Schranken. Der andere aber geht ins Unendliche. Immer wieder einen neuen Ansatz zu erkunden – das bereichert das Leben.«

Mit ihrer Kunst eine eigene Position zu beziehen, war für die in Leipzig geborene Claudia nicht immer selbstverständlich: »Wir mit unserer DDR-Vergangenheit, in der Bescheidenheit die größere Tugend war als die Individualität des Einzelnen, mussten im Studium erst lernen, zu unseren Sachen zu stehen, zu sagen: Das habe

Oben: Claudias Ateliergalerie auf dem Kulturareal der Leipziger Baumwollspinnerei: Ein paar alte Zeichenstudien von ihr schmücken die Wände.

Rechte Seite: Auf dem Tisch ein Objekt aus Between the Tides, *darüber schweben die durchscheinenden, mit Lithophanien gespickten Kunstwerke der Reihe* Lumos.

»Am liebsten arbeite ich ohne Entwurf an Objekten.«

ich gemacht und genau deshalb habe ich es gemacht.«

Angeregt von ihrer Zeit an der École des Beaux Arts in Luxemburg und einer in Leipzig begonnenen Keramikausbildung (wo sie auch die technischen Grundlagen für ihre Kunst erlernte), fand sie an der Burg Giebichenstein Kunsthochschule Halle zum Werkstoff Porzellan. Es folgten Auslandssemester an der Akademie der Bildenden Künste in Prag und der University of Arts and Design Helsinki. Für ihr Diplom und ein Aufbaustudium kehrte sie noch einmal an die Burg Giebichenstein zurück, bevor sie sich wieder in Leipzig niederließ: »Künstler leben oft an mehreren Orten. Auch ich bin viel unterwegs und liebe den Austausch auf internationalen Messen oder Gruppenausstellungen. Doch ich komme immer gerne nach Leipzig zurück.«

Ringsherum Ateliers: arbeiten in einer ehemaligen Fabrikstadt

Hier hat sie auch seit 15 Jahren ihr Atelier, in der Leipziger Baumwollspinnerei, die Anfang des 20. Jahrhunderts die größte ihrer Art in Kontinentaleuropa war. Seit den frühen 1990er-Jahren entstand dort ein weltweit einzigartiges Gelände mit etwa 100 Ateliers – darunter das von Neo Rauch –, mit Galerien, Musikstudios und anderen Gewerben. »Der ständige Dialog mit den Künstlern hier ist sehr wertvoll für mich«, betont Claudia.

Ihre Werkstätte ist zugleich ihr Showroom, in dem sie ihre Serien und Ob-

Bei der Arbeit an Landscapes in the Mind: *Für den nächsten Zwischenbrand wird eine neue Glasurschicht aufgetragen.*

jekte zeigt. Die im Vergleich schlicht gestalteten Vasen sind dabei »noch am ehesten gut verkäuflich und bilden so eine finanzielle Basis für meine künstlerische Arbeit.«

Kunst auf der Spur organischer Prozesse

Und auch mit ihrem Lebenspartner Stefan Passig, der selbst ein Kunst-Diplom im Fachbereich »Künstlerische Fotografie« führt, ging sie eine Kooperation ein, die es ihr erlaubt, sich auf den kreativen Part zu konzentrieren: Stefan kümmert sich um das Management und die Öffentlichkeitsarbeit und kuratiert weltweit Claudias Ausstellungen mit. »Er schickt meine Objekte um den Erdball – oder aber mich.« Sie haben eine gemeinsame Tochter, so kann sie nicht immer allzu lange unterwegs sein. Erst 2019 aber wurde Claudia von einer Galerie zu einem einmonatigen Arbeitsaufenthalt nach China eingeladen.

Inzwischen wurden ihr auch viele Ehrungen zuteil. Ihre bekannteste Serie ist wohl *Between the Tides*: Diesen korallenähnlichen Formationen, die aus Dutzenden filigraner, aufeinander kletternder Porzellanröhrchen bestehen, glaubt man das Prozesshafte des Weiterwachsenwollens fast anzusehen.

Ganz anders ist die Reihe *Lumos*, nämlich »näher an dem, was man von Porzellan gewohnt ist. Der Jugendstil und seine floralen Ornamente befeuerten sie«. Für diese dünnwandigen Leuchtobjekte, die vage an zerbrochene Dinosauriereier erinnern, sammelt und presst sie echte Blüten und Blätter, die dann als durchscheinende Prägungen in den Schalen wiederkehren, gewissermaßen wie Fossilien. Seit einiger Zeit arbeitet sie auch Papier mit in die Stücke ein, das sie jetzt zusätzlich knittert.

Unter dem Titel *Memory Traces* versammelt Claudia »eigenwillige organische Formen, die manche auch an menschliche Körper erinnern. Das ist mir aber fast schon zu viel: Ich wollte bloß eine Anmutung davon abbilden. Wer ein Objekt betrachtet, soll nicht an etwas Bestimmtes denken müssen. Für den einen kann es ein Kleid sein, das im Wind weht, für den anderen ein Wal.«

Immer aber fesseln sie die Bewegungen des Suchens, des Erkundens, und die Wege, die wohl alle natürlichen Erscheinungen nehmen, um zu wachsen, Fehler zu machen und wieder an diesen zu gedeihen.

Von der Erfahrung des »Brexit« und der Überwindung von Grenzen

Einige ihrer Werke entstehen an einem Stück, andere brauchen Zeit: »Am liebsten arbeite ich ohne Entwurf an Objekten. Ich füge dann immer wieder Dinge ein – meistens natürliche Materialien, die ich vorher austeste: Manches davon geht gar nicht. Da ist dann wirklich eine Entwicklung entscheidend.« So experimentiert sie etwa mit Holz, »auch mit von der Natur bereits verformtem«. Doch selbst wenig Greifbares schlägt sich in ihrer Kunst nieder: »Manchmal höre ich im Radio, was in der Weltgeschichte so los ist, während ich an einem Stück arbeite. Und das Objekt wird massiv und gewaltig, und irgendwann merke ich, dass ich die ganze Zeit über den ›Brexit‹ hineingearbeitet habe.«

In jüngster Zeit malt Claudia faktisch mit Porzellan, ihre Arbeiten der Serie *Landscapes in the Mind* erscheinen wie abstrakte Gemälde. Ja, sie erforscht ihr Fachgebiet an seinen Außengrenzen – und darüber hinaus.

In der Serie Landscapes in the Mind *erkundet Claudia die Fläche, aus Porzellan entstehen dabei abstrakte Gemälde (hier beim Auftragen einer Glasur).*

Als würden da Milch, Lava und Salzwasser strömen: Die Landscapes in the Mind *rufen (gar nicht so) urzeitlich-wilde oder diffuse Assoziationen im Betrachter hervor.*

Der Vorteil einer Ateliergalerie liegt eindeutig darin, dass es dort nicht nur eine Ausstellung zu bewundern gibt, sondern auch eine Künstlerin bei der Arbeit ...

... die hier ausnahmsweise einmal an die einer Zuckerbäckerin denken lässt. Und auch hier kommt das Produkt in wenigen Augenblicken in den Ofen.

Oben: »Number 10«, das verspricht Großes. Claudias Atelier in einem alten Backsteinbau einer vormaligen Leipziger Fabrikstadt atmet überdies Industrienostalgie.

Wie durch weiße Traumnebel gleiten diese lichtdurchlässigen Blüten. Tatsächlich sind es Lithophanien, also reliefartig ins Porzellan geprägte Bilder.

Wer war der Ansicht, Porzellan tauge nur für Vasen und Teller? Aus Dutzenden feinster Röhrchen setzen sich die Objekte der Reihe Between the Tides *zusammen.*

Einen geradezu brachialen Kontrast zu diesen hauchzarten Gebilden verkörpern die aufbrechenden Krusten aus der Serie Landscapes in the Mind.

Irrwege und Überraschungen im Porzellanlabor

Claudia Biehne arbeitet vorrangig mit einem einzigen Werkstoff, was für Künstler eher ungewöhnlich ist. Doch sie erweitert diesen Rahmen durch immer neue Materialkombinationen. »Mich fasziniert, was mit Porzellan alles möglich ist. Und ich experimentiere mit meinen Objekten«, erklärt sie. »Mein Lebensgefährte Stefan hat Fotografie studiert und ist ein Perfektionist. Er denkt da anders und möchte akribisch planen, wie ein Foto herauskommt. Ich will nicht wissen, wie ein Objekt ausfällt. Ähnlich wie ein Forscher oder Entwickler bin ich immer auf der Suche. Damit begebe ich mich auf Neuland – und mache positive wie negative Erfahrungen. Und manchmal lernt man aus den negativen sogar mehr.« In Porzellan sehen die meisten vor allem Angewandtes Design, davon hebt sich Claudias Blick völlig ab: »Niemand denkt in dem Zusammenhang an diese Art der Kreativität und Forschung.« Dieser Philosophie entsprechen auch ihre Techniken: »Normalerweise wird erst das Porzellan gebrannt und darüber kommt dann die Glasur. Ich mache es andersherum, etwa bei Landscapes in the Mind. So erhalte ich diese natürlichen Flüsse und diese Rissigkeit, als würde die Erde aufbrechen – wie in einer trockenen Steppe. Es bilden sich Schollen, deren Gestalt ich natürlich ein bisschen beeinflussen kann. Ich kann sie dicker oder dünner ausfallen lassen, kleiner oder größer, und ich kann variieren, wie schmal oder breit die Zwischenräume werden.« In aller Regel muss sie bei ihren Stücken jede weitere Schicht, jedes hinzugefügte Detail, auch neu brennen. »Das Mysterium dabei ist immer wieder: Wie kommt etwas aus dem Ofen?«

Im Museum gibt es außer Perlenbeuteln noch historische Geldkatzen zu sehen – und so manches mehr!

Claudia Flügel-Eber
Perlenstrickerin, Handarbeitsvirtuosin und Gründerin
des Ladencafés und Perlenbeutelmuseums »Carakess«

Die Glasperlen-strickerin

Claudia Flügel-Eber ist ein Multitalent, wenn es um Handarbeiten geht. Durch einen Zufallsfund auf einem Flohmarkt entdeckte sie vor ein paar Jahren die Perlenstrickkunst und brachte sie sich nach und nach selbst bei. Vor allem ihr ist es also zu verdanken, dass eine fast vergessene Technik hierzulande wiederbelebt wurde. Und ihr Laden in der Regensburger Altstadt ist ein Wunderkabinett für Individualisten und Do-it-yourself-Freunde – voller Glasperlenpreziosen und vielgestaltiger Kleinode.

»Ich habe eigentlich immer eine Schüssel
 Perlen in meiner Nähe. Perlenstricken ist für mich
 wie Therapie. Je kleiner die Perlen, desto besser!«

Sie besitzt die seltene Gabe, aus fast allem etwas machen zu können: »Gerade habe ich Ostergeschenkpapier aus den 1950er-Jahren gefunden und gebügelt, und jetzt mache ich Vintage-Postkarten daraus. Alte Dinge«, fährt Claudia Flügel-Eber fort, »haben mich schon immer fasziniert. Ich kann auch nichts wegwerfen – man kann doch alles wiederverwenden! Upcycling würde ich das in meinem Fall trotzdem nicht nennen: Was für andere Abfall ist, ist für mich ein Schatz!«

Claudias Laden »Carakess«, den sie 2018 samt einem Café neu eröffnete, liegt in Regensburg ziemlich genau zwischen Donau und Dom gegenüber dem alten römischen Tor, der Porta Praetoria. Dort drinnen entfaltet sich eine Art Mikro-Multiversum für Perlenbegeisterte und Liebhaber irisierender Kostbarkeiten: Arm- oder Kropfbänder und schimmernde Täschchen, gestrickt aus winzigen japanischen Glasperlen, reihen sich aneinander. Dazwischen erhaschen durchsichtige Kettenanhänger mit zarten Figuren darin ein paar Lichtreflexe. Zur Aufbewahrung dieser Dinge bietet Claudia Kleinstkommoden an und

Linke Seite, im Uhrzeigersinn von oben links: Die Pappkiste samt Inhalt ist ein Fundstück. Ein Bild weiter findet sich in dem hölzernen Nähkästchen der von Claudia gestrickte Perlenbeutel Dreierrose und rechts neben ihm ein antiker (ca. 1830). Das Schubladen-Inlet auf dem Foto darunter hat Claudia als Patent für eine Mini-Kommode angemeldet. Die Kette (unten links) empfand sie einem Vorbild von 1870 nach.

Rechts: Das an einen Bachlauf im Wald erinnernde Armband wurde von Claudia mit Delica-Perlen von Miyuki in Peyote-Technik gefädelt. Ösen und Karabiner sind aus Silber.

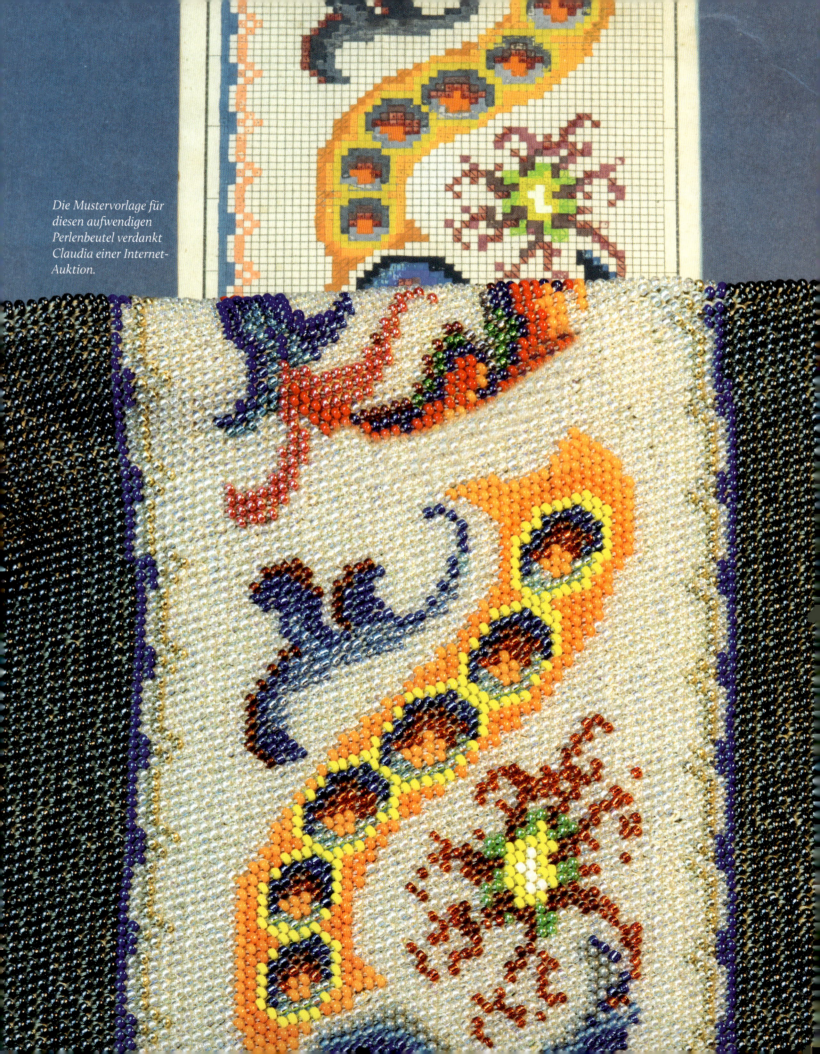

Die Mustervorlage für diesen aufwendigen Perlenbeutel verdankt Claudia einer Internet-Auktion.

Claudias Perlenbeutel München 4 wird mit einem Nadelspiel aus Edelstahl in der Größe von 1 mm rechts verschränkt verstrickt. Er ist mit 54 Farben ihr buntestes Modell.

Der Beutel wird nach einem historischen Vorbild gefertigt und »hängt noch an der Nadel«: Die aufgefädelten Perlen warten auf ihre Verarbeitung.

Kästchen, die sie mit bunten Stoffen überzieht. Darüber hinaus ist das Geschäft ein Antiquariat mit Trouvaillen aus den 1950er- und 1960er-Jahren und eine Werkstatt zur Restaurierung älterer und historischer Perlengeschmeide und -accessoires.

Und seit der Neueröffnung serviert Claudia hier auch einen Mittagstisch sowie Kaffee und Kuchen: Aus einer Ecke mit kleinen Tischen strömt verführerisch der Duft von Kräutern und Gemüse. Bei der Zubereitung der täglich wechselnden, saisonalen Speisen hilft ihr ihre Kollegin Sonja – diese Woche etwa gibt es, »worauf wir selbst gerade Lust haben«, kommentiert Claudia keck.

Eine Wand in dem verwinkelten Raum aber gehört dem Perlenbeutelmuseum: Dort hängen Beispiele aus ganz unterschiedlichen Dekaden und Epochen, darunter ein silbern glitzernder Perlenbeutel aus der Charleston-Ära der 1920er-Jahre.

Wie ein Zufallsfund und ein Glückstreffer Claudias Leben veränderten

Eigentlich wollte Claudia ja Schneiderin, Kostümbildnerin oder Modistin werden. »Weil ich aber schon immer meine eigene Bar haben wollte – und zwei Kinder und einen Hund! – habe ich dann erst mal Hotelfachfrau gelernt.« Heute hat die Wahl-Regensburgerin einen verständnisvollen Mann, einen 17-jährigen Sohn und einen Laden mit Café. »Danach habe ich mich noch zur Steuerfachgehilfin ausbilden lassen, um auch etwas Ordentliches zu können«, erzählt Claudia weiter.

Kreativ jedoch war sie schon als Kind: »Ich habe früh Kleidungsstücke genäht und bereits als Neunjährige Schmuck aus Fimo gemacht, zuerst nur in zwei Farben. Den habe ich dann ›verkauft‹ und mir mit dem verdienten Geld noch mehr Farben und andere Materialien angeschafft. Ich habe mich in allen möglichen Handarbeiten ausprobiert. Auch mit Glasperlen arbeite ich schon lange, später dann auch mit handgewickelten, die ich in Manufakturen in Venedig gekauft habe.«

Auf einem Flohmarkt stolperte sie eines Tages über einen aus Perlen gestrickten Beutel – der allerdings schon reichlich durchlöchert war. Und stellte als versierte Handarbeiterin verblüfft fest, dass sie diese Technik nicht kannte. »Ich recherchierte und bekam heraus, dass das früher ein richtiger Erwerbszweig war: Anfang des 19. Jahrhunderts übten Frauen und Kinder das Perlenstricken in Heimarbeit aus.«

Schritt für Schritt eignete sie sich daraufhin das Strickverfahren an. Als wahrer Glücksgriff erwies sich für sie dabei eine Anzeige, die sie in einer Zeitschrift aufgab: ›Suche alte Perlentaschen und kolorierte Fassvorlagen.‹ »Ich bekam tatsächlich einen Anruf aus Berlin: 140 originale Mustervorlagen lagerten dort auf einem Dachboden!« Sie stammten von keinem Geringeren als von Bruno Schneider, dem Erfinder des Perlenwebstuhls. Von 1868 an gelang es ihm mithilfe seiner Neuerung, die Perlenstrickerei zu industrialisieren und Massenware auf den Markt zu bringen. Die Muster mit den vielförmigen farbigen Blumenmotiven passt Claudia heute so an, wie sie es für ihre Perlenbeutel braucht. Auf Wunsch entwirft sie auch neue Vorlagen: »Ich mag ja geometrische oder Jugendstilmuster gerne – meine Kundinnen dagegen bevorzugen eher Rosen!«, lacht sie.

2005 machte sie sich mit dem ersten kleinen Laden selbstständig. Weil sie ein ausgeprägtes Sicherheitsbedürfnis hat, arbeitete sie außerdem noch in einem Teilzeit-Bürojob. Diesen hat sie nun aufgegeben, weil Laden und Café sie zu sehr in Anspruch nehmen. »Von meinen Perlenkreationen allein zu leben, wäre vermutlich nicht so einfach«, bekundet sie. »Aber dem Gesamtprojekt gebe ich eine Zukunft.«

Mit größter Begeisterung für winzig kleine Glasperlen

Inzwischen gibt Claudia auch Perlenstrickkurse. Die Autodidaktin, die sich, wie sie selbst sagt, in einem ständigen Lernprozess befindet, bekommt auch hier neue Impulse: »Ein ganzes Wochenende lang wird durchgestrickt. Dabei tausche mich mit den Kursteilnehmerinnen aus, die oft sehr erfahren in vielen Handarbeiten sind.«

In Deutschland weiß Claudia noch von ein paar älteren Damen, die das Perlenstricken beherrschen. »Aber ich bin ganz sicher eine der Jüngsten, die das können. Und weil ich im Internet vertreten bin, findet man mich auch schnell.«

Claudia ist eine geschäftstüchtige Frau, doch sie ist auch ein Freigeist geblieben: »In meinem Laden kaufe ich an und verkaufe, was mir gefällt. Und ich habe noch so viele Ideen! Am liebsten hätte ich eine Schar Helfer an der Hand, die sie für mich genauso umsetzen, wie ich es möchte. Das wäre mein Traum.« Ein anderer ist – und ihre Augen strahlen: Irgendwann einmal möchte sie ein Haute-Couture-Kleid mit Perlen besticken.

Einen Kleiderkragen aus den 1920er-Jahren arbeitete Claudia völlig um, füllte ihn etwa mit Rocailles-Perlen in mehreren Weißtönen.

»Ich bin die Königin in meinem Reich«, sagt Claudia über sich. In Wirklichkeit ist sie natürlich die Prinzessin der Perlen.

Traum in Hellgrün: Diesen Perlenbeutel von ca. 1830 kann man dank eines silbernen Clips am Rock tragen.

Links und gegenüber: Auch die Miniaturkommoden sind Claudias Ideenreichtum entsprungen.

Filigran und facettenreich

Das Perlenstricken war im 19. Jahrhundert überaus beliebt. Eine letzte Sternstunde erlebte es in der Mode der Charleston-Ära in den 1920er-Jahren. Im Zweiten Weltkrieg und danach aber »gingen das Wissen und die Mustervorlagen verloren. Und auch das Design und die Verwendung der Taschen änderten sich«, berichtet Claudia Flügel-Eber. Heute werden Perlenbeutel aber immer noch zu Hochzeiten oder in der Trachtenszene getragen.

Das Zentrum der deutschen Perlenstrickerei, die ab 1830 florierte, war Schwäbisch-Gmünd. In Sachsen ist in einem Museum im Erzgebirge noch der Perlenwebstuhl von Bruno Schneider zu sehen, der Ende des 19. Jahrhunderts aus Handarbeit Massenware machte. Anregungen für Liebhaber bietet auch das jährliche Glasperlensymposium in Wertheim, und die Geschichte der Perlenstrickerei erzählt Sabina Schürenbergs Buch *Perle für Perle*.

»Beim Perlenstricken wird im Nadelspiel rund gestrickt,« erklärt Claudia die Technik. »Zuerst muss ich meine Perlen nach der Mustervorlage auffädeln, dann werden die Perlen rechts verschränkt miteingestrickt.« Einige Nadeln sind so dünn wie ein Pferdehaar, die allerfeinsten bezieht sie direkt vom Hersteller aus China. Sie arbeitet mit Delica- und Rocaille-Perlen aus Japan. »Und bei Wohnungsauflösungen finde ich manchmal alte Fäden, die viel fester und stabiler sind als heutige.« Oft sitzt Claudia bis in die Nacht beim Anfertigen oder Restaurieren von Perlenbeuteln. »Feinheiten mache ich sonntags in Ruhe und bei Tageslicht. Solange der Laden geöffnet ist, geht das nicht. Doch je kleiner die Perlen sind, umso lieber ist es mir!«

*Jeder Baum ist einzigartig in seiner Maserung,
ja, angeblich sogar in seinem Geruch:
Elkes Schale Unique ist aus Eschenholz gefertigt.*

Elke Hirsch
Designerin und Drechslerin

Holz – von ganzem Herzen!

Den Song *Wooden Heart* interpretierte schon der große Elvis Presley. Tatsächlich ist es die englische Adaption des deutschen Volkslieds *Muss i denn, muss i denn (zum Städtele hinaus)*. Auch Elke Hirsch folgte irgendwann dem unüberhörbaren Ruf ihres Herzens: hin zu ihrer wahren Leidenschaft, dem Handwerk, und zu ihrem erklärten Lieblingsmaterial Holz, dem wohl ältesten Werkstoff der Welt. Heute drechselt die Bruchsalerin Schalen von fast zeitloser Schönheit. Als hätte sie nie etwas anderes getan.

»Die Verbindung mit Edelmetallen würde mich noch reizen, aber ich kann mir nicht vorstellen, irgendwann mit einem anderen Werkstoff als Holz zu arbeiten.«

Oben: Nicht nur die Optik, auch die Haptik macht Elkes Meisterwerke so besonders.
Links die Bowlschale Maxime, *innen in Hochglanzausführung, rechts das Objekt* LIGNUM *aus leicht gebleichter, naturfarbener Olivesche mit einem Kreisel aus schwarzem Eschenholz.*

Rechte Seite: Die Schalen-Ausstellung in Elkes Werkstatt.

Amors Pfeil ist, so heißt es, aus Eschenholz geschnitzt. Und auch die massiven, da matt, hier mehr metallisch glänzenden Schalen, die Elke Hirsch in ihrer erst 2012 gegründeten Manufaktur »wooden heART« fertigt, sind sehr oft aus dem Stamm dieses Laubbaums gemacht. Unbeschreiblich geschmeidig fühlen sich die mitunter fast wagenradgroßen Objekte an. Ihre leuchtenden Farben sind selbstbewusste Statements. Und etwas Erhabenes haftet ihnen an – wie alter chinesischer Handwerkskunst oder einer Skulptur, im Galerielicht inszeniert.

»Auf einer Messe wollte ein halbwüchsiger Besucher einmal gar nicht mehr aufhören, mit der Hand über die Schalen zu streichen«, erzählt Elke amüsiert. Hauchfeine handgemeißelte Rillen erzeugen nämlich oft einen reizvollen haptischen Kontrast zu den übrigen samtigen Flächen. Und immer sind Elkes Unikate aus einer einzigen Diele gedreht, ganz ohne verleimt zu werden – »Diele« nennt man im Fachjargon die Teile eines der Länge nach zersägten Stamms.

»Ich bin ja zum Teil Autodidaktin«, erklärt Elke. »Ein erfahrener Drechsler würde

Beim Querdrechseln der äußeren Form: Zuvor wurde das Stück aus der Diele eines Stammes kreisrund herausgesägt. Das erfordert Kraft und eine exakte Anpassung der Geschwindigkeit der Maschine.

Elke trägt mit einem Schwamm tiefrote Farbe auf die innere Form auf. Unten die Schale NOBILIS und im Bildhintergrund TATUM.

Außen wird die Schale mit einem Pinsel bemalt. Elke feilte lange an ihren ureigenen Techniken und Geheimrezepten.

Die Kreisel sollen die Möglichkeit zur spielerischen Entspannung bieten. Vorne im Bild Elkes allererstes selbst gedrechseltes Stück mit Brieföffner.

»Die Maserung von Eiche oder Esche ist manchmal fast wie ein Gemälde.«

wohl sagen: Holz in der Größe und Stärke, das sich nicht verzieht und keine Astlöcher hat – das findet man nicht. So eine Idee kann also nur ein naiver Quereinsteiger haben. Aber ›geht nicht‹ gibt's für mich nicht. Und so verwirklichte ich meine Ideen!«

Bäume und Hölzer als stille Begleiter oder der lange Weg zum schnellen Durchbruch

Die zarte blonde Frau, der manche nicht zutrauen, dass sie die oft enorm schweren Stücke überhaupt selbst bearbeitet, spottet Klischees wie Widerständen: Als Kleinkind nahmen ihre Eltern, Landwirte im Kraichgau, sie zur Feldarbeit mit. »Ich wurde dann in den Schatten unter einen Baum gesetzt. Den ganzen Tag war niemand zum Spielen da – es gab nur ein paar Gräser, Stöckchen und Blätter«, schildert sie. »Da fängt man an, etwas daraus zu bauen. So gesehen, ist mein Faible fürs Handwerkliche aus Langeweile geboren.« Als Schülerin dann »beamte sie sich im Kopf weg«. Im Kunstunterricht sollte sie ihr Kinderzimmer malen, und weil sie fand, ihres sei nicht vorzeigbar genug, ersann sie eines – Versandhauskataloge boten ihr Anregungen dafür. Und sie bekam die Note Eins. »Und musste ich nicht auf dem Hof helfen, habe ich alles lackiert, was sich dafür anbot. Meine Mutter neckte mich dann und nannte mich ›Meister Klecksel‹.«

In ihrem Umfeld in dem 600-Seelen-Dorf, in dem sie groß wurde, sah man für sie eigentlich nur vor, dass sie heiratete und Kinder bekam. Sie tat also, wie ihr geheißen und betreute – nach der Scheidung dann als alleinerziehende Mutter – ihre Zwillingssöhne. Vorher aber schlug sie noch einen soliden kaufmännischen Berufsweg ein. »Doch ich fühlte mich immer wie ein Bonsai, bei dem jeder neue Trieb sofort gestutzt wird«, erinnert sie sich. Und da erst wird ihr bewusst, dass ein Bonsai ja meistens auch ein Baum ist.

Die Faszination fürs Schöne, Handgemachte ließ sie auch weiterhin nie los. Also ging sie auf Auktionen antiker Möbel und eignete sich am Wochenende das fachmännische Restaurieren von Möbeln an. 2011 entdeckte sie auf einer Reise nach Bulgarien – es ging um Investitionen in Edelhölzer – gedrechselte Kerzenleuchter und Handschmeichler. Von da an wurden, während ihr Alltag weiter vor sich hin summte, bei ihr nachts die Ideen und Pläne wach. »Da entwickelte ich die Formen für meine Schalen.« Zuerst ließ sie ihre Entwürfe von Drechslern umsetzen, »doch es wurde nie so, wie ich wollte«. Also machte sie selbst einen Drechselkurs im Allgäu. Und sie experimentierte lange mit Lacken und Farben – bis ihre Kreationen gelangen. »Doch bloß Schalen für zu Hause oder den Kunsthandwerkermarkt zu drehen, reizte mich nicht. Ich hatte den Anspruch, sehr wertige Einzelstücke herzustellen. Aber gab es dafür auch Kunden?« Sie kalkulierte und investierte mutig deutlich mehr Geld als vorgesehen. Ihr Aufstieg war dann fast ein bisschen kometenhaft: Schnell wurde sie in der Designszene wahrgenommen, das Geschäft trägt sich inzwischen. Meilensteine waren für sie 2016 die Kunsthandwerksmesse »Eunique« mit dem Motto »Just Wood« in Karlsruhe oder 2019 der »Vogue Salon« in Berlin. »Und ich bin stolz, wenn Kunden, die sich bei jedem Detail von einem Innenarchitekten beraten lassen, von mir kaufen.«

Elke hat ihr Atelier in ihrem Haus im badischen Bruchsal; es riecht nach Lack, nach Wachs, doch kaum nach Holz. Denn anders als die meisten der bekannten Drechsler arbeitet sie mit kammergetrocknetem Holz – hart und faserig wie das der Eiche oder der Esche, die »ein so schönes Maserbild hat, manchmal fast wie ein Gemälde! Oft lasse ich es auch durch meine Oberflächenbehandlung hindurchscheinen.«

Trotz Arthrose in den Fingern und zeitweise unbändiger Schmerzen spürt sie bei der Arbeit irgendwann »keinen Raum und keine Zeit mehr. Die Feinarbeit beim Drechseln ist eine Form von Meditation.« Nichts kann Elke aufhalten – auch nicht ein dreifach gebrochener Zeigefinger, gerade als sie ihre erste Schale nach Neuseeland verkauft hatte: »Das war es jetzt, dachte ich. Aber dann war da mein Wahnsinnswille! Und dank einer guten Krankengymnastin und viel Klavier üben wurde der Finger wieder«, strahlt sie.

Faszinierende Lebewesen und Zeugen des Weltgeschehens

Das wohl Unbeschreiblichste an Elke ist ihre menschliche Wärme – vielleicht hat sie sich deshalb den »lebendigen« Werkstoff Holz ausgesucht: »So ein Baum erlebte 150 oder 200 Jahre – Krieg und Frieden, er war in der Stadt eingepfercht oder stand frei in der Natur. Ich bin wirklich nicht esoterisch, aber das alles kann man spüren, wenn man die Schalen berührt. Die meisten sind übrigens aus den Dielen gefertigt, die sich gleich neben der stärksten befinden, in der die Wasserader des Baumes verläuft: Die nennt man auch sein ›Herz‹.«

Die Unique aus Esche: Elkes Schalen können einem Raum einen neuen Charakter verleihen – und nur Holz verströmt so viel wohlig-wohnliche Sinnlichkeit.

Elke unter einem wohl über 130 Jahre alten Birnbaum, der heute auf dem Grundstück ihres Vaters steht und so vor den Holzfällern verschont blieb.

Die Nachbildung der Hölzernen Trinkschale von Uffing am Staffelsee aus dem 6. Jahrhundert vor Christus ließ Elke anfertigen, um ihren Kunden zu demonstrieren, auf welch hohem Niveau schon vor Zeiten gedrechselt wurde.

Unten: Die Schale DIGNUM, überzogen mit Weißgold.

Ein edles Ding drehen

Mit unermüdlicher Willenskraft, Zielstrebigkeit und Passion hat sich Elke Hirsch fast alle Fähigkeiten, die zur Fertigung wie zur Vermarktung ihrer Schalen nötig sind, selbst angeeignet. Sie verwendet nur kammergetrocknetes Holz (im Unterschied zu Nassholz): Dabei lagert der Baum, nachdem er eingesägt wurde, zunächst im Freien ab. Dann werden die Dielen in der Trockenkammer speziell getrocknet. »Der Durchmesser meiner Schalen verlangt, dass ein Baum mindestens 80–100 Jahre alt sein muss«, erklärt Elke. Sie arbeitet nur mit heimischen, zertifizierten Hölzern wie Esche oder Eiche: »In Zukunft werde ich Kunden sogar genau sagen können, wo der Baum gestanden hat.« Heute entwirft und drechselt Elke nur noch den Prototyp einer Schale, »ein wirklich guter Meister drechselt mir diese dann als Kleinstserie vor. Alle Ausführungen aber unterscheiden sich leicht, sind also einzigartig.« Oft wird dann noch eine Rillenoptik und -haptik eingemeißelt. In reiner Handarbeit veredelt Elke die Schalen nun: Dabei werden sie etwa gebeizt, gekalkt oder geräuchert und anschließend lackiert. »Besonders gerne mache ich auch Vergoldungen mit 24 Karat Blattgold – dabei muss man ganz filigran arbeiten«, schwärmt Elke.

Was den kaufmännischen Teil von »wooden heART« anbelangt, dachte sie durchaus hin und wieder: »Dumme Idee, das alles.« So zeit- und kostenintensiv waren die Investitionen in Logo, Patentierung und Webseite, in Messen, Versicherungen und Mitgliedschaften in Verbänden. »Doch es gibt immer diesen Berg, und jetzt würde ich sagen: Ich hab's geschafft und bin gut aufgestellt!«

Am Anfang war die Sonnenblume: Mit diesem Motiv begann vor 50 Jahren die Erfolgsgeschichte der Katharieder Bauernhanddrucke.

Friederike Schleyerbach
Textildesignerin

Blumen und Tiere, auf Stoff geträumt

Auf einem idyllischen Gutshof im Oberpfälzer Jura entdeckte eine Familie ihre Leidenschaft dafür, selbst entworfene Motive auf Leinenstoffe zu drucken – von Hand und mit Pflanzenfarben. Längst finden ihre Produkte so großen Anklang, dass auf Katharied keine Felder und kein Vieh mehr versorgt werden müssen. Friederike Schleyerbach führt nun seit 19 Jahren das Werk ihrer Eltern weiter und ist dabei, eine neue Generation für die *Katharieder Bauernhanddrucke* zu begeistern. Mit den allerschönsten Ideen!

»Ich habe immer bei meinen Eltern mitgeholfen und damals schon eigene Muster entworfen.«

Alles begann mit den Sonnenblumen-Vorhängen: Kerzengerade schweben da auf hellem Leinen grüne Stiele; sie spreizen fröhlich ihre Blätter ab, als wären es Flügel, den dunklen Kelch darüber umschwirrt ein Blütenkranz in glühendem Orange.
Friederike Schleyerbachs Eltern hatten lange vergeblich nach solchen Schmuckstücken für ihre Stubenfenster gesucht, damals in den späten 1960er-Jahren. Bis ihr Vater beschloss, sie mit einem Linolschnitt einfach selbst herzustellen. »Bald danach haben meine Mutter und er sich den Siebdruck beigebracht«, erinnert sich Friederike. »Zum Hof gehört ein Wald, aus dem Holz von dort wurden Rahmen, die sie mit Perlongewebe bespannten. Behelfsmäßig richteten sie sich eine kleine Druckwerkstatt ein, hinten im Stadel. Am Wochenende fertigten sie nun kleine Deckchen an und begannen, diese erfolgreich zu verkaufen, erst in Regensburg, dann auf der Messe in Frankfurt. Ab da ging es dann los.«

Oben: Friederikes Vater entwarf das Firmenlogo, ein Fantasiewappen, in kräftigem Blau. Die Namen des jeweiligen Stoffmusters werden von Hand auf die Etiketten gestempelt.

Linke Seite: Der tiefrote Hahn auf Natur-Reinleinen harmoniert fabelhaft mit den weinfarbenen Blättern ringsherum. Auch dieses Motiv ersann vor 30 Jahren Friederikes Vater Fritz Schleyerbach.

Friederike zeigt in ihrem Lager eine ihrer vielen Siebdruckschablonen: Die einfachen Holzrahmen sind mit feinmaschigem Perlongewebe bespannt.

Die Farben »mischen wir selbst«, erklärt die Chefin auf Katharied. »Wir verwenden Pigmentfarben auf Wasserbasis, die dann noch eingebrannt werden, damit sie später wasch- und farbecht sind.«

Ein Cocktail aus rostigem Rot und filigranen Formen: Der Federschweif des Katharieder Hahns ist hier in der abgerundeten Fassung zu sehen (oben und oben rechts). Inzwischen schmückt das Tier sogar T-Shirts.

Mit einer Rakel mit Gummikante wird die Druckfarbe durch die Öffnungen im Sieb von Hand auf den Stoff gestrichen.

Eine Welle der Landnostalgie bescherte den Schleyerbachs und ihren *Katharieder Bauernhanddrucken* schnell Erfolg, bald kamen ganze Busse voller Käuferinnen auf den Hof. »Bedrucktes Leinen gab es eigentlich fast gar nicht, das war so eine Nische – und ist's ja heute noch. Und auch unsere Muster sind einzigartig, wir machen sie alle selbst.«

Der Katharieder Hof liegt mitten im Oberpfälzer Jura, in einer Landschaft mit Hochwiesen und felsigen, waldüberworfenen Inselbergen. Auf der einen Seite des Gehöfts grünen die heute verpachteten Felder, dahinter beginnt der Mischwald; auf der anderen Seite röhrt jetzt eine Autobahn. »Doch so kommen die Kunden auf dem Weg in den Urlaub zu uns«, erzählt Friederike freudig.

Auf einer kleinen Weide grasen vier Schafe, und alle Gebäude sind in einladendem Lichtblau gestrichen, sogar die lange, flache Lagerhalle und die noch größere Verkaufshalle. Dort findet sich eine riesige Auswahl an Kissen, Vorhängen, Tischdecken, Läufern oder Geschirrtüchern, an Taschen, Schürzen und T-Shirts, für jeden Geschmack ist etwas dabei.

Weil Friederike inzwischen auch Stoffe ankauft, die hier weiterverarbeitet werden, sprenkeln Rauten, Ornamente, Blumen, Tiere und Früchte ein riesiges textiles Wunderland, es gibt alles vom Gobelin- über den Damaststoff bis hin zur Patchwork-Optik. »Und das, was wir mit Siebdruck von Hand machen, lässt sich in Muster und Größe auch ganz nach Kundenwunsch gestalten«, erklärt Friederike.

Früh half sie bei ihren Eltern mit, und am liebsten hätte sie auch Textilgestaltung studiert: »Als daraus bei der ersten Aufnahmeprüfung nichts wurde, schwenkte ich auf BWL um. Heute bin ich froh, dass ich so die Büroarbeit mit links erledigen kann.« Alle Drucktechniken, die Anfertigung der Schablonen und auch die besonderen Kunstgriffe, die man sich auf Katharied über die Jahre angeeignet hatte, lernte sie dann von ihrem Vater. Im Jahr 2000 übernahm Friederike das Geschäft von den Eltern, die Felder des landwirtschaftlichen Betriebs wurden verpachtet. Nur der Wald wird noch von der Familie selbst bewirtschaftet. So geht sie am Wochenende mit ihrer Tochter Veronika in den Wald, um Käferbäume zu kennzeichnen. Ein paar Mitarbeiter helfen Friederike, und auch Veronika unterstützt sie bereits und wird die *Katharieder Bauernhanddrucke* wohl in dritter Generation weiterführen. Vorher aber möchte sie noch ihren Studienabschluss in Kulturwissenschaften machen – und vielleicht auch noch mal einen Abstecher ins Ausland. Trotzdem sagt Friederike: »Manchmal weiß ich nicht, wohin das alles geht. Die Damen, die für uns drucken, gehen jetzt langsam in Rente. Wir brauchen Nachwuchs.«

Ein alter Hof, ganz neu bespielt

Als Nächstes will sie sich um ein Nachhaltigkeitssiegel kümmern, da ja auf Katharied nur mit Pflanzenfarben gearbeitet wird, die sie auch ausschließlich in kleinen Mengen bezieht. »Und wir wollen die junge Generation erreichen, die meistens überhaupt keine Vorhänge oder Tischdecken mehr hat: Einige wünschen sich heute ja am liebsten alles aus Kunstfasern; doch zu uns kommen oft Menschen, die natürliche Stoffe bevorzugen und gerne ihr ganzes Haus mit Leinen vollhängen würden.«

Friederike ist sehr offen dafür, mit dem vorhandenen Wissen und ihren räumlichen Möglichkeiten auf dem Hof neue Wege zu gehen: Einen Parka eines bekannten internationalen Modeherstellers bedruckte ihre Tochter mit Gräsern und Blumen – mithilfe einer der alten Mustervorlagen, die die Familie schon lange besitzt. Ein unverkennbares Katharieder Motiv ist auch ein großer Hahn: Inzwischen prangt er bereits auf den T-Shirts hier. Und fast ein bisschen nach Pop-Art sehen die Dekorkissen aus, die das blumengeschmückte Haupt der jungen Frida Kahlo ziert.

Mittlerweile hat sich Friederike einen festen Kundenstamm aufgebaut; und jedes Jahr lädt sie zu Festen auf den Hof ein: »Zum Frühlingserwachen gibt es gefärbte Eier und Schinken, im Herbst einen kleinen Handwerkermarkt und vor Weihnachten einen Schluck Punsch«, schildert sie lachend. »Und jedes Mal natürlich eine neu dekorierte Verkaufsausstellung.«

Unlängst haben Friederike und Veronika hier auch noch einen »Keltischen Baumpfad« gepflanzt: Jeder Baum des »Keltischen Baumhoroskops« hat dort eine reale Entsprechung. Das idyllische Katharied ist eine Art Ausflugsort geworden, Menschen kommen zum Einkaufen und Spazierengehen hierher und machen manchmal sogar ein Picknick. »Kunden am Telefon zu beraten ist wirklich nicht ganz einfach – es ist immer besser, wenn sie zu uns finden und das alles hier selbst sehen«, betont Friederike. »Zum Wochenende hin erhalten wir den meisten Besuch – und auch den größten Zuspruch. Wenn man von einer Sache selbst begeistert ist, dann merken das die Leute einfach.«

Die Taschen mit dem träumerischen Sonnenblumen-Muster sind wahre Kundenlieblinge.

»Heute frage ich meine Tochter um Rat –
  und sie sagt mir dann, was gerade ›cool‹ ist.«

Mit Licht und belgischem Leinen

Für den Siebdruck braucht man einen Rahmen, der mit einem feinmaschigen Perlongewebe bespannt ist. Das Sieb wird mit einer lichtempfindlichen Emulsion beschichtet, die zunächst in der Dunkelkammer trocknen muss. Dann wird eine nach dem gewünschten Muster gestaltete Vorlage angefertigt. Jetzt legt man das Sieb auf das Motiv, und diese Schablone kommt nun in der Dunkelkammer auf einen Glastisch und wird von unten mit Speziallampen bestrahlt. »In den Bereichen, die die Vorlage abdeckt, kommt das Licht nicht durch, so entsteht das Muster auf dem Sieb. Nach der Belichtung wäscht man das Sieb aus«, erklärt Friederike Schleyerbach. Abschließend wird die fertige Druckform auf das Material gelegt, das bedruckt werden soll.

Auf Katharied wird dabei meist belgisches Leinen verwendet. Für die Farben-Emulsion auf Wasserbasis werden dann zum Beispiel 50 Liter Wasser mit einer Emulsion angedickt, dann die wasserlöslichen Pigmentfarben hineingemischt. Die Pflanzenfarben bezieht Friederike von Herstellern aus Ost- und Norddeutschland, die auch kleinere Mengen verkaufen. Die Farbe wird mit einer Gummirakel durch die Schablone von Hand auf den Stoff gestrichen: »Durch die offenen Stellen entsteht das Muster auf dem Material.« Nach dem Drucken werden die Farben im Stoff eingebrannt, bei 120 Grad etwa 20 Minuten lang. »Sie sind nun licht- und kochecht«, erklärt Friederike. Da jedoch vor allem Reinleinen, Halbleinen und Baumwolle verarbeitet wird, sollte man besser bei 40 bis 60 Grad waschen. »Die Technik ist bei uns noch ganz einfach«, findet Friederike. Aber genau deswegen einzigartige Handarbeit!

Oben links: Friederike mit ihrer Tochter Veronika, die das Familienunternehmen später gerne übernehmen möchte.

Auf der linken Seite und oben rechts bekommt man einen Eindruck von der Vielgestalt der Katharieder Dessins: Vor allem Blumen sind beliebt, der »Renner« aber sind seit Langem die Gräser mit Schmetterlingen – wie auf der Schürze über der Leiter oben im Bild.

»Hut auf« heißt hier »Hut ab«: Der Miniaturzylinder aus der Special Edition Dessau ist eine Hommage an das legendäre Bauhaus – und ganz aus Samt und Sisal.

Katharina Sigwart
Modistenmeisterin

Chapeau, Madame!

Hüte und Kopfbedeckungen sind eigentlich immer dann krönende Schöpfungen, wenn sie sich zur Persönlichkeit ihrer Träger verhalten wie das Tüpfelchen zum i. Das verlangt viel Menschenkenntnis und ein großes Gespür für Formen, Farben, Materialien. Die Berliner Modistin Katharina Sigwart haucht mit ihren kunstvollen Kreationen einem seltenen Metier neues Leben ein – einem Kunsthandwerk, dem sich vor ihr so bedeutende Frauen wie Goethes Gattin Christiane oder die große Couturière Coco Chanel widmeten.

> »Jeder kann Hüte tragen –
> sie müssen nur passen. Und sie
> werten jeden Kleidungsstil auf.«

Hutmacherin ist der schönste Beruf der Welt.« Dieser Satz sagt eigentlich schon alles und kommt so stark und klar daher wie ein Ausrufezeichen. Doch weil dieses Buch *Mit Liebe zum Detail* heißt, darf Katharina Sigwarts Begeisterung für ihren Beruf facettenreicher ausfallen: »Am meisten mag ich die Herausforderung«, fährt sie daher fort, »für ein Gesicht, für einen Menschen, die richtige Kopfbedeckung zu finden; das geeignete Material und eine Form, die der Physiognomie schmeichelt und den Charakter und die Ausstrahlung der Person zur Geltung bringt.« Katharina ist eine sehr elegante Erscheinung, zurückhaltend und bedacht. So gut wie immer schmückt etwas ihren Kopf, und sei es nur ein kunstvolles Bandeau. Und wer ihr Berliner Ladenatelier »Yva« betritt, wird sofort in eine mondäne, von Retro-Magie durchwirkte Welt geschleust: Überall leuchtet es dort sandfarben, bienengelb, Bauhaus-beige. Aparte Antlitze bevölkern hohe Regale, mit nicht weniger aparten Hutmodellen auf dem Haupt.

Im hinteren Teil entstehen Katharinas Werke – Kopfbedeckungen aller Art vom »Yva-Bowler« über Fascinator und Flechtwerke aus Seegras bis hin zu den Tiaren, die sie für eine *Don Quixote*-Inszenierung des Berliner Staatsballetts anfertigte. Eine umfunktionierte Buchpresse und ein Dampferzeuger zum Formen von Materialien finden sich dort, und hölzerne Hutmacherformen stapeln sich: Einige davon erbte sie von ihrer Mutter, die selbst Modistin war.

Katharina studierte zunächst einige Semester lang Kunstgeschichte, bevor ihr bewusst wurde, dass sie weit lieber etwas mit den Händen gestalten

Linke Seite: In Katharinas Hutsalon in Berlin-Charlottenburg fühlt man sich ein bisschen wie auf einer Zeitreise – zurück in die Zukunft.

Im Uhrzeigersinn von oben links:

Früher war der Hut für den Herrn ein Muss, heute wird er wieder mehr und mehr zum großen Plus.

Katharinas vielgestaltige Kreationen für Damen schmeicheln stets dem Charakter eines Gesichts.

Ein von Hand besticktes Ensemble, angeregt vom japanischen »Kintsugi«.

Der Name »Yva-Hüte« ist eine Reverenz an die Fotografin Else Neuländer-Simon, genannt Yva, die ihr Atelier in den 1930er-Jahren ebenfalls in der Bleibtreustraße hatte. Sie starb im Vernichtungslager Sobibor.

»Ich bin eine Material-Aficionada: Das Fabelhafte ist, dass ich so eine mannigfaltige Auswahl habe.«

wollte. Also machte sie eine Lehre zur Modistin in Frankfurt und erwarb dort auch ihren Meisterbrief; dann ging sie zurück nach Berlin.

1993 eröffnete sie in Charlottenburg in der Windscheidstraße ihren ersten Laden, mit dem sie fünf Jahre später erstmals umzog – in die Oranienburger Straße. Erzählt sie von dieser Zeit, glänzen ihre Augen: »Die knisternde Aufbruchsstimmung von damals war in Berlin-Mitte besonders spürbar.«

Ein großer neuer Name

Eines Tages öffnete sich die Ladentür – und Yoko Ono trat ein. Die Künstlerin kaufte nicht weniger als 19 Hüte »und hat, könnte man schwerpunktmäßig so sagen, ein Faible für den Herrenhutstil«. Auch andere Prominente kamen, wie Harvey Keitel oder Marcel Reich-Ranicki.

Dann wurde der Stadtteil immer touristischer und die Mieten stiegen empfindlich; Katharina sah sich nach neuen Räumen um. Sie fand sie in der Bleibtreustraße in Charlottenburg – und zudem einen neuen, bedeutungsvollen Namen für ihr Geschäft: Denn in der Bleibtreustraße hatte auch die unter dem Künstlernamen »Yva« berühmt gewordene Mode- und Werbefotografin Else Neuländer-Simon ab 1930 vier Jahre lang ihr Atelier. Neuländer-Simon, bei der der große Fotograf Helmut Newton in die Lehre ging und später assistierte, war jüdischer Herkunft. Sie starb vermutlich 1944 im Vernichtungslager Sobibor. Yvas Mutter war – wie auch die von Katharina – Modistin. Die beiden Übereinstimmungen deutete Katharina als Zeichen, seither heißen ihr Label und ihr Laden »Yva«.

Hüte und Mützen haben von September bis Januar Hochsaison. In den übrigen Monaten verdient Katharina an Sommer- und Anlasshüten, solchen für Hochzeiten zum Beispiel, und an Auftragsarbeiten: »Für die Operette *Die Perlen der Cleopatra* an der Komischen Oper Berlin habe ich 2016 etwa Goldhelme und Kopfschmuck gemacht.« Sie fügt hinzu: »Wenn man ein Kunsthandwerk ausübt, gilt natürlich immer das Standbein-Spielbein-Prinzip – je experimenteller ein Modell ist und je mehr es sich vom Alltagsaccessoire oder dem gängigen Anlasshut abhebt, umso mehr Herzblut steckt letztlich darin. Ja, zeichnet sich ein Stück durch ein Alleinstellungsmerkmal aus, ist gar ein Unikat oder geht in eine künstlerische Richtung, etwa in die Nähe der Skulptur, desto mehr Spaß bringt auch der Entwurf. Doch davon könnte ich nicht leben. Hinter den Objekten, die leichter verkäuflich sind, stehe ich jedoch ebenso sehr; auch sie fertige ich gerne an, sonst würde ich sie nicht machen.«

Eine echte Vorliebe hegt sie übrigens für Kimono-Seide. »Doch ich bin eine Material-Aficionada: Das Fabelhafte an meinem Beruf ist ja auch, dass ich so eine mannigfaltige Auswahl habe. Diese Fülle der Möglichkeiten ist dabei eigentlich das Bestechendste. Ich könnte darum gar nicht sagen: Ich bevorzuge dieses oder jenes.«

Inzwischen hat sie bestimmte Abneigungen sogar »verlernt«, selbst was Farben angeht: »Es kommt immer auf den Zusammenhang an. Mit Materialien und Farben spielen zu können, ist einfach ein unglaubliches Geschenk. Und je offener und osmotischer man wird, umso freier und beglückter fühlt man sich dabei.«

Die richtigen Ingredienzien haben vor allem mit dem Menschen zu tun, für den der Hut bestimmt ist: »Fleischfarben oder Apricot sehe ich an mir gar nicht, aber an einer anderen Person ist es unter Umständen genau das Richtige. Es gibt Designer, die machen strikt nur das, was sie selbst anziehen. Ich aber möchte, natürlich innerhalb meines ästhetischen Bogens, Dinge für einen möglichst großen Kundenkreis anbieten.«

Eine kunstsinnige Formensprache

Mit ihrer *Dessau*-Kollektion lieferte sie dennoch ein fulminant-eigenwilliges Statement: »Während meines Studiums habe ich im Bauhaus-Archiv gejobbt, das hat mich sehr geprägt. Da lag es nahe, auch einmal eine Kollektion unter dieses Motto zu stellen.« Diese entstand dann bereits vor dem Rummel zum hundertjährigen Jubiläum des Bauhauses 2019, ist aber in ihren Farben und ihren stereometrischen Formen deutlich davon angeregt. Ja, ein paar Modelle sehen fast so aus, als würde Oskar Schlemmers *Triadisches Ballett* jetzt auf unseren Köpfen weitertanzen.

Jedes Stück ist ein Kunstwerk, kreiert in geduldiger Handarbeit – wie der Fascinator Liu. Um einen Hut anzufertigen, braucht Katharina etwa drei bis vier Stunden.

Les Figurines Triadiennes *aus der Kollektion* Dessau *huldigen Oskar Schlemmers* Triadischem Ballett.

Ein Sprung in die Gegenwart: Das Modell Headphone *entwarf Katharina am Computer, die feste Unterkonstruktion, auf die der Filz gezogen wurde, hat sie mit einem 3D-Drucker hergestellt.*

Für »Yva-Hüte« werden nur ausgesuchte Materialien verarbeitet.

Unten: Hutrohlinge und die Modistenwerkzeuge Treiber, Modistenmesser, Krempenschneider und Stumpengreifer.

Strohrohlinge in Grün und cremig-hellem Orange, Hutbänder, historische Stoffe und Zierblüten – ein besonderes Faible hegt Katharina im Übrigen für Kimonoseide …

Rechts: So viele Gesichter, aber nur eins davon mit Hut – das Garçonne-Cloche-Modell Charlotte steht hier zwischen Kunst und Kuriosem in Katharinas privater Sammlung.

Unten: Dieses Hatpiece aus Holz, Peddigrohr und Textil aus der Dessau-Kollektion befindet sich zweifellos in bester Gesellschaft.

Geometrie à la Bauhaus: Die charakteristische Formensprache tut auch einem Hut gut.

Mit Agavenfasern und 3D-Drucker

Eine Parade der Hutformen kommt einer Fahrt durch gesellschaftliche Entwicklungen gleich: Beliebte Modelle allein in der jüngeren Kulturgeschichte sind etwa Schlapphut oder Fascinator, Sonnenhut, Bowler, Zylinder, Borsalino, Homburger oder Porkpie. Der Glockenhut, die »cloche«, war in den 1920er-Jahren populär und ging mit dem Bob und der Kurzhaarfrisur einher – die Trägerin konnte zudem nur dann gut sehen, wenn sie ihr Kinn weit oben trug. Den Fedora machte Sarah Bernhardt berühmt, er wird aber zum Beispiel auch mit Gangsterbossen zur Zeit der Prohibition in den USA in Verbindung gebracht. Als Fedora-Liebhaber galten Al Capone, Humphrey Bogart, Marlene Dietrich oder Katharine Hepburn. Hüte werden aus den verschiedensten Materialien gefertigt: Aus Wollfilzen vom Schaf oder der Kaschmirziege, aus Edelfilzen vom Kaninchen oder Hasen, aus Leder, Stoff, Stroh, Leinen, Samt, Seide oder Viskose. Panama-Hüte werden aus dem edlen Toquilla-Stroh geflochten. Je dünner das Stroh ist, umso filigraner wird das Flechtmuster, was den Hut wertvoller macht. In Asien verwendet man gerne Reisstroh, das sich sehr fein verarbeiten lässt. Außerdem werden Strohhüte aus Agavenfasern wie Sisal oder Hanfarten wie Abacá gemacht. Katharina Sigwart braucht drei bis vier Stunden, um einen Hut anzufertigen, je nach Schwierigkeitsgrad auch einmal mehr oder weniger. Bei ihrer aufwendigen, quasi-skulpturalen Special Edition *Dessau* arbeitete sie mit Unterkonstruktionen, die dann mit Stoff überzogen wurden. Diese wurden zum Teil sogar mit dem 3D-Drucker hergestellt (den sie bereits seit zehn Jahren besitzt), und zwar aus einem holzähnlichen Filament, da Stoff nicht trägt und in sich zusammenfallen würde.

Materialkontraste machen Trachten schon seit eh und je spannend – optisch und haptisch.

Michaela Keune
Modemacherin

Des Mieders neue Meisterin

Ähnlich wie bei Seejungfern, Zentaurinnen oder am Französischen Hof bestechen Michaela Keunes Trachtenmoden durch eine markante Zäsur ungefähr auf Hüfthöhe: Im Süden Münchens entwirft sie aber nicht nur exquisite und unnachahmlich raffinierte Mieder und Röcke, sondern auch Blusen, Accessoires oder Herrenbekleidung. Und immer sind ihre Stücke, die mit alten Handwerkstechniken in einer Fülle von Materialien angefertigt werden, vielseitig kombinierbar. Tradition und Historismus kamen selten verführerischer daher!

»Tracht lebt von Individualität.
Und sie steht für Handwerkskunst.«

Eine vollendet definierte Büste findet hüftabwärts in eine fließende Form – und wird zu einem langen, oben schmalen Rock, der jede Bewegung der Frau schmeichelnd umspielt. »Neu gibt es nicht«, erklärt Michaela Keune, doch nichtsdestotrotz etablierte sie in den letzten Jahren eine Auffassung von historischen Schnitten und Trachten, die sich abhebt.

Das Atelier der Modedesignerin liegt im Isartal, in einem urigen Haus, dem allerältesten in Pullach. Im 19. Jahrhundert empfingen die damaligen Bewohner, Bauersleute, hier in ihrer Stube Karl Wilhelm Diefenbacher und seine Freunde: Lange vor der Hippie-Bewegung scharte der Maler im nahen Höllriegelskreuth bereits eine Art Kommune um sich und wurde so später zu einer Ikone der Freikörperkultur, von Pazifisten und Anhängern alternativer Lebensentwürfe.

Falls Künstlertum und Eigensinn irgendwie auf die nächsten Generationen abfärben können, erklärt das sicher einiges an

Die Arrangements aus echten Blumen auf beiden Buchseiten stammen von der Floristin Stefanie Müller, die extra für Michaela und das Fotoshooting aus Aschaffenburg anreiste.

Rechte Seite: Zierblumen dagegen, wie oben links zu sehen, lässt die Modeschöpferin von einer Spezialistin anfertigen.

Oben rechts: Michaelas süße Tochter Blanca-Sveva in einer Kinderkombination aus Blau und Veilchenlila.

Unten: Das Atelier liegt ohnehin schon im ältesten Haus Pullachs. Familienerbstücke wie ein Schrank aus altem Schiffswrackholz oder die riesige Harfe, die Michaela spielt (und die man hier nicht sieht), lassen es aber noch atmosphärischer wirken.

Ein Moodboard mit Hut: Michaela stimmt sich ein auf eine grünblaue Farbwelt ...

Zwischen Maßband und Nadelkissen blitzt der Labelname auf: Michaelas Kunden kommen sogar aus fernen Kontinenten zu ihr nach Pullach. Unlängst erst ließ sich eine junge Mexikanerin hier ihr Hochzeitskleid schneidern.

Nur die erlesensten Materialien kommen für die Couture von Michaela in Betracht. Dafür hat sie ein unbestechliches Auge.

Dieses frühlingsfrische Ensemble in Blattgrün, Zartrosa und Hellgelb ziert das Dirndltäschchen Manor House Mini *der trachtenbegeisterten Designerin Daniela von Liebe.*

Michaelas Persönlichkeit: »Eine Urgroßmutter von mir wurde im indischen Bangalore geboren; sie war Malerin und lebte erst in Paris, später in Wien. Bilder von ihr finden sich im Archiv des Louvre, außerdem war sie mit Rudolf Steiner befreundet. Und eine meiner Großmütter arbeitete rund um den Erdball für das Auswärtige Amt und gründete ein Kinderheim, bevor sie sich auf der Kanareninsel La Gomera mitten in der Pampa alleine zur Ruhe setzte«, erzählt die Mutter einer Tochter im Grundschulalter. »In meiner Familie hatten eher die Frauen das Sagen. Und als ich klein war, war ich fasziniert von selbstbestimmten Heldinnen wie der Biene Maja oder Pippi Langstrumpf. Wenn meine Geschlechtsgenossinnen also irgendwann feststellten ›Das kann ich auch!‹, war ich fast erstaunt, weil ich nie Zweifel daran gehabt hatte, dass ich ebenso gut bin wie ein Mann. Deshalb kann ich auch so souverän mit dem Superweiblichen spielen.«

Röcke liebt sie immer schon, weil sie bequem sind und frau »sich darin so gut bewegen kann«. Und ein Mieder passt perfekt zu Michaela, die sich enorm gerade hält: »Ich tanze bereits mein Leben lang: Flamenco, Bachata und jetzt Hip-Hop im Verein – außer mir ist nur die Lehrerin älter als 17!«, sagt sie lachend.

Doch wie fand die in Braunschweig geborene Diplomatentochter, die zwei Jahre in Indonesien lebte, ausgerechnet zur Tracht? »Schon als Kind zeichnete ich meiner Anziehpuppe nur weiblich-schmeichelnde Kleider. Nach dem Abitur besuchte ich dann die Internationale Sommerakademie für Bildende Kunst in Salzburg und eine Freundin nahm mich auf eine Hochzeit mit, zu der Dirndl getragen wurde. Es war Liebe auf den ersten Blick!«

Das Mieder ist wohl das Weiblichste aller Kleidungsstücke – mit höfischer Tradition.

Frische Impulse für die Trachtenwelt

Weil sie in jedem Fall etwas Künstlerisches machen wollte, landete sie kurz darauf erst einmal auf der Münchner Modeschule Esmod: »Vorher dachte ich so ungefähr, dass Kleidung aus irgendeiner Maschine kommt. Doch am Ende meiner Ausbildung konnte ich nicht nur passabel nähen, sondern eine fantastische französische Modellismus-Lehrerin hatte mich zudem für ihr Fach begeistert.« Sie fing als Assistentin beim Bayerischen Fernsehen an und begann, nebenher für sich selbst zu schneidern, »was man nicht kaufen konnte: lange Röcke aus gutem Material und dazu schöne Abendmieder, denn ich ging viel auf Bälle«.

In den nächsten Jahren arbeitete sie als Stylistin oder später dann als Modechefin der Zeitschrift *Motion*. Bis sie auf eine Frau traf, die ihr sagte: »Egal was Du machst, ich verkaufe es.« Kurz darauf hatte sie einen Standplatz für Jungdesigner auf einer Münchner Trachtenmesse. »Meine Mieder-Rock-Kombinationen schlugen sofort ein, ich bekam Aufträge und räumte drei Jahre hintereinander den Designpreis der Messe ab. Was man nämlich üblicherweise mit einem Dirndl und dem Münchner Oktoberfest verknüpft, ist eigentlich ein einteiliges Heukleid aus Österreich. Das ›Münchner Mieder‹ mit seiner Silberschnur oder der ›Tegernseer Spencer‹ waren dagegen immer schon vom Rock getrennt. Dieses Zweiteilige folgt einer alten höfischen Tradition, die ich modern aufgefasst habe: Sie macht, je nach Anlass, eine Vielfalt an Kombinationen möglich.«

Während allerdings die traditionellen Trachtenwerkstätten an Tegernsee oder Schliersee mehr oder minder einer Miedervorlage treu bleiben, entwickelte Michaela nach und nach auch zwölf Schnittmodelle, die auf historischen Vorbildern beruhen und die sie nochmals ganz individuell an den Körper der Kundin anpasst – ihrer Modellismus-Lehrerin sei Dank, kann sie Schnitte anfertigen. Eine weitere Besonderheit sind ihre Röcke, die anders als bei herkömmlichen Dirndln nicht »gestiftet« sind: »Auch sie greifen eine Reihung auf, aber erst unterhalb der Hüfte und in dünneren Stoffen, daher tragen sie nicht so stark auf.«

Übrigens hat Michaela ihre Hauptsaison nicht unbedingt vor dem Oktoberfest, »denn da müsste man fast ein Jahr vorher bei mir anfragen«. Dafür kommen viele Bräute zu ihr oder Besucherinnen von Mai- und Waldfesten; und einige wünschen sich sogar ein 20er-Jahre-Kostüm. Ihre Kunden sind Individualisten: »Hier anzurufen anstatt ins Geschäft zu gehen oder bei der Traditionswerkstatt anzuklopfen, ist eine sehr bewusste Entscheidung.«

Das Zwei- oder Mehrteilige ihrer Entwürfe ist auch ein Grund, warum Michaela sich nicht größer aufgestellt hat: »Für den Verkauf im Laden ist das, was ich mache, zu beratungsintensiv. Doch heute, da der Dirndlmarkt aus allen Nähten platzt, bin ich so froh, dass ich eine Nische ausgebaut habe. Auch andere Labels machen jetzt Westen, aber sie sitzen nicht so perfekt, und der Dirndl-Effekt ist schnell dahin. Alles, was von mir kopiert werden konnte, ist inzwischen auch woanders gelandet. Doch mein Alleinstellungsmerkmal ist das Zusammenspiel aller Finessen in seiner Komplexität.«

Von Zierblumen und französischer Schnittkunst

Heute ist Michaela Keune als Modemacherin das Zentrum eines wohlorganisierten Kosmos: »Termine für Besprechungen und Anproben versuche ich, auf einen Tag zu legen, da ist dann immer eine Assistentin mit dabei.« Eine versierte Schneidermeisterin hilft ihr wenigstens einmal die Woche, und auch andere Spezialistinnen arbeiten ihr zu: »Sie übernehmen einzelne Teile oder Arbeitsschritte – die eine die Röcke, die zweite die Blusen, eine dritte die Zierblumen.« Auch um die Grafik, die Kommunikation oder die Neuen Medien kümmern sich »hilfreiche Hände«.

Technisch liegt eins von Michaelas Geheimnissen darin, dass sie Schnitte selbst anfertigen kann: Sie macht höchstens eine Skizze und modelliert dann nach dem französischen Schnittsystem direkt auf die Büste. »Ich gehe immer vom Mieder aus, das zur Physiognomie passen muss«, erklärt sie. »Dann erst überlege ich, wie der Rock aussehen könnte. Das gilt auch für die Farbwahl. Möchte die Kundin das Ensemble auch als Abendkleid oder sogar als Businesskostüm tragen, werden es vielleicht auch mehrere Röcke.« Anschließend passt sie denjenigen ihrer zwölf Grundschnitte, der ausgesucht wurde, nochmals ganz individuell an die Trägerin an. Michaela arbeitet gerne mit Materialkontrasten und alten Stoffen wie Leinen, Loden, Samt oder Brokat. Aber auch Jeansgewebe hat sie schon eingesetzt. »Für die Mieder verwende ich meist etwas Festeres, bei Röcken aber ist mir handgewebte Seide am liebsten: Sie fällt so duftig, und ich achte darauf, dass sie sich mit der Frau und ihrer Bewegung entfaltet – der Rock soll die Trägerin umfließen, die ganze Kreation ihre Persönlichkeit unterstreichen!«

Linke Seite: Bei einigen von Michaelas Rockmodellen wird das Material mehrfach durchgedämpft, damit es noch formschöner und fließender fällt.

Unten: Die Diplomatentochter lebte in Indonesien und hat auch sonst eine faszinierende Familiengeschichte. Davon zeugt ihre ganze Einrichtung – und natürlich der historische Schrankkoffer unten rechts.

Im Berliner Pergamonmuseum vergoldete Michelle riesige Flächen. Hier ein Blick auf die Prometheus-Gruppe.

Michelle Sachs
Vergolderin

Wirf Gold und Silber über mich

Aschenputtel und Art déco, Azteken und Astronautenausstattung – das Element Aurum ist ein ewiger Mythos, der viele Assoziationen hervorruft. Als Vergolderin hat Michelle Sachs aber außer mit diesem Edelmetall auch mit Silber, Kupfer oder Legierungen wie Grüngold zu tun. Und die Berlinerin schürft nach Möglichkeiten, mit alten Techniken und Materialien anders umzugehen. Ein seltenes Handwerk, das heute sogar eher ein Frauenberuf geworden ist, findet so dank Erneuerinnen wie Michelle in die Zukunft.

»Es geht um die Wertschätzung von Materialien, um Sinnlichkeit und Geduld. Alles dabei hat seine Zeit und sein Maß.«

Plötzlich werden Michelle Sachs' Bewegungen ganz behutsam: Sie hält ein Heft mit Blattgoldblättern in den Händen und mit dem bloßen Hauch ihres Atems löst sie nun die zart schimmernde Folie vom Seidenpapier, auf dem sie haftete. Das leuchtende Nichts fliegt auf wie eine Feder, Michelle schiebt behände ein Messer darunter und sachte, ganz sachte, damit nichts knittert oder knickt, überträgt sie es auf einen kurzen, breiten Pinsel. Jetzt ist das Blattgold bereit zum Auftragen – auf Holz oder Eisen zum Beispiel. »Gold verträgt keine schnellen Bewegungen«, kommentiert Michelle und fügt hinzu: »Beim Vergolden verändere ich mich: Ich werde langsamer, es ist fast meditativ.«

Dabei ist Michelle eigentlich lebhaft, fast quirlig – und sie glüht für ihre Arbeit: Immer wieder läuft sie quer durch ihr Atelier in Berlin-Weißensee, um an Beispielen zu veranschaulichen, wovon sie spricht. Ein bisschen frisch ist es hier und der Geruch von Ölen, Lacken und Farben zieht durch die Luft. Wenn Michelle nicht hier ist, dann arbeitet sie zum Beispiel mit Restauratoren zusammen auf Baustellen.

Wie aber wird man ausgerechnet Vergolderin? »Als kleines Mädchen schwebte mir Töpferin oder Malerin vor. Nach dem Abitur bewarb ich mich also an der Kunsthochschule. Als das nicht klappte, dachte ich an etwas Praxisbezogenes, da fühlte ich mich gleich aufgehobener.« Ganz pragmatisch

Oben: Als Michelle noch Theatermalerei studierte, zählte allein das »Große«, wie bei ihrem »Pinselbild« links. Heute geht es ihr dafür umso mehr ums Kleine, Feine.

Linke Seite, im Uhrzeigersinn von oben links: Das Goldblättchen wird angehaucht und vorsichtig aufgenommen.

Pinsel und ein Silberblättchen: Michelle arbeitet aber auch mit Platinmetallen oder Messing, Kupfer und Aluminium.

Auch Hinterglasvergoldungen gehören zum Tagwerk.

Links daneben unverzichtbare Vergolderwerkzeuge: Vergolderkissen, Vergoldermesser, Anschießer.

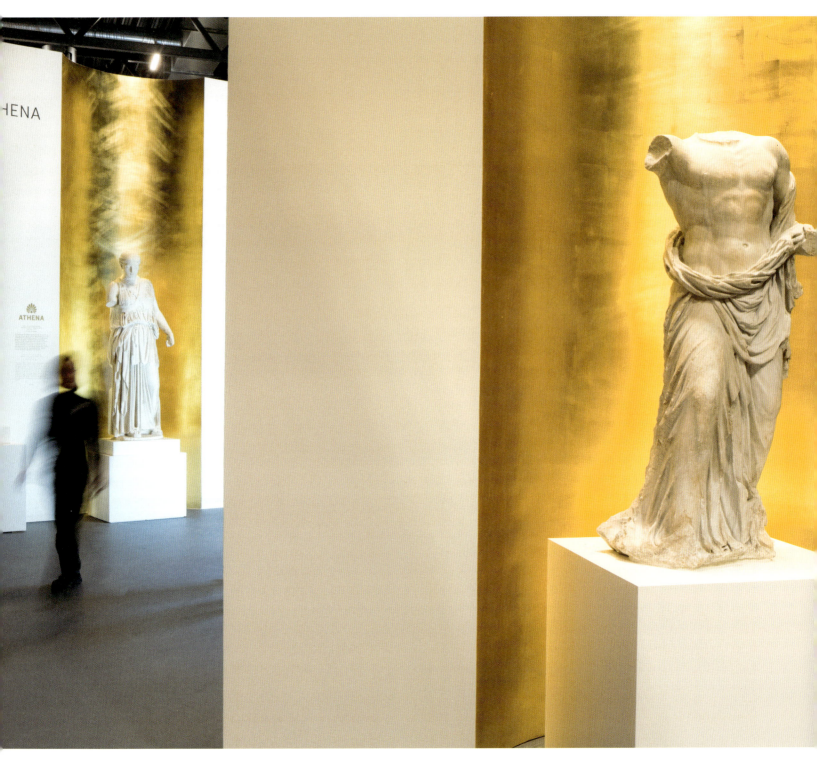

Athene, die Göttin der Weisheit, der Kunst und des Kampfes, in einer vergoldeten Nische im Pergamonmuseum.

Um die 200 qm Fläche hat Michelle im Pergamonmuseum mit Messing und Blattkupfer überzogen. Dazu verarbeitete sie Tausende einzelner Blättchen. So erstrahlt auch ein kopfloser Zeus wieder – in sonnengoldenem Licht.

Detailansicht aus der Staatsoper Unter den Linden in Berlin: Über sechs Kilometer an verschiedensten Profilen und Ornamenten, etwa auf Türen und Wänden, haben Michelle und ihr Team hier restauriert und neu vergoldet.

Diese goldenen Ranken fließen die Saaltüren des einst größten Operngebäudes Europas wieder in alter Pracht herunter – Michelle sei Dank!

blätterte sie die Publikation des Arbeitsamtes *Beruf aktuell* von A-Z durch – und stieß unter V auf Gold: »Ich stellte mir vor, wie ich sage: ›Hallo, ich heiße Michelle und bin Vergolderin‹. Das klang fantastisch!«

Schon bald suchte sie daher in ihrer Heimatstadt Berlin nach Ausbildungsplätzen: »Eine Werkstatt, die Bilderrahmen vergoldete, nahm mich dann an. Und mein Gesellenstück wurde eine Sonnenuhr – eine Zylinderuhr, das Gehäuse war aus Lindenholz gedrechselt. Ich veredelte es mit glänzender und matter Polimentvergoldung und verzierte es mit einer Radierung. ›Vita brevis, ars longa‹ schrieb ich noch darauf. Ungünstig war nur«, lacht Michelle, »dass man die Zeit nicht ablesen konnte: Auf dem polierten, hochglänzenden Gold wirft das Tageslicht keine Schatten! Und das bei einer Sonnenuhr!«

Von einfachen Anstreicharbeiten zu großen Prestige-Objekten

Danach studierte sie noch zwei Jahre Theatermalerei in Dresden: »Das war auch schon immer ein Traum von mir gewesen. Doch irgendwann wurde mir klar: Das Vergolden ist meins. Kulissenmalerei bedeutet, aufs Große und Gröbere zu gehen und mit langen Pinseln auf die Entfernung zu arbeiten. Vergolden ist genau das andere Extrem: Es verlangt Feinheit, Genauigkeit und unbedingte Nähe. Doch von Anfang an habe ich dabei auch immer mit Farbe experimentiert.«

Ab 2012 arbeitete sie in Berlin für verschiedene Vergolder, nebenbei baute sie ihre Selbstständigkeit auf. »Um Geld zu verdienen, übernahm ich auch einfache Arbeiten wie Fenster lackieren oder Wände streichen. Nach drei Jahren hatte ich meine eigene Werkstatt, auf nur 21 qm. Trotzdem ging das alles nur mit der Unterstützung von Familie und Freunden und einem Job in einem Café.«

Irgendwann stand dennoch alles auf dem Spiel: »Ich konnte nicht davon leben. Und da kam die Rettung: der Auftrag von der Berliner Staatsoper! Eine Bekannte schrieb mir, dass man für die Restaurierung des Opernhauses noch Vergolder suchen würde. Ich habe mich durchtelefoniert, und dann ging es von heute auf morgen. Den Auftrag teilte ich mir mit einer Restauratorin, anfangs war auch nur von den Saaltüren die Rede – ich glaube, es waren 56 Stück. Doch es fiel immer mehr an. Alle anderen Holzleisten, auch im Saalinnenraum, auf jeder Etage! Wir mussten Leute anwerben, und ich rutschte in die Rolle einer Chefin und vergoldete nicht mehr selbst. Doch für mich kam von da an alles in Fluss, Türen öffneten sich, und seitdem kann ich von meinem Handwerk leben.«

Im Sommer 2018 erhielt sie erneut einen größeren Auftrag – vom Pergamonmuseum: »200 qm Wandfläche sollten vergoldet werden, mit Messing, aber man sagt trotzdem ›vergolden‹. Diesmal war ich die unmittelbare Auftragnehmerin und griff auf mein Team von der Staatsoper zurück. Ich musste alles selbst abwickeln und habe dabei viel gelernt, auch über Formalitäten.

Bei Michelles Experimenten werden Makel zu Kunstgriffen

Nach wie vor nimmt Michelle natürlich auch kleinere Aufträge an. Und sie fertigt »experimentelle« Einzelwerke, die sie zum Verkauf anbietet. »Da kommt die Kunst wieder ins Spiel!«, sagt sie freudig.

»Ich probiere viel aus, auch mit alten Materialien und Techniken. Dabei gehe ich über das hinaus, was mir beigebracht wurde. Risse sollten sich beim Vergolden eigentlich nicht zeigen – bei mir sind sie jetzt oft ein Stilmittel.«

Das Glück, den richtigen Beruf zu haben

Ihre metallüberzogenen Leinwände ähneln Ölgemälden: »Als Auftragsarbeit veredelte ich unlängst eine Leinwand mit Mondgold: glatt und flächig und Blatt an Blatt, wie ich es gelernt habe. Dann aber sahen sich meine Kunden satt daran und das Werk wanderte ins Schlafzimmer. Doch sie wünschten sich ein neues ›Bild‹, lebendiger und mit ein paar Strukturen. Eines, das sich verändert. Gerade grundiere ich die Leinwand dafür, mit Kreide und Schellack. Später werde ich Silbertöne verwenden und das Silber ›offen lassen‹, also nicht noch mal lackieren, damit es oxidiert und sich mit der Zeit verfärbt.«

In Zukunft möchte Michelle weiterhin selbst vergolden, aber auch ausbilden. Inzwischen hat sie eine Angestellte. Und sie engagiert sich in einem Netzwerk von Berliner Handwerkerinnen: »Ja, ich verstehe mich ein wenig als Botschafterin des Vergoldens und des Handwerks. Es geht um die Wertschätzung von Materialien, um Sinnlichkeit und Geduld. Alles dabei hat seine Zeit und sein Maß.«

Gold allein macht wohl nicht glücklich. Damit zu arbeiten schon, wie es scheint.

Musterstücke, Goldspiegel, Rahmen, Leinwände, Hinterglasvergoldungen ... Michelle testet übrigens gerne Möglichkeiten aus, die jenseits der klassischen Vergoldung liegen.

»Man kann so viel zaubern mit Metallen.«

Rechts: Pläne und eine Probeplatte für eine Gedenktafel in der James-Simon-Galerie im neuen Eingangsbereich der Museumsinsel Berlin.

Linke Seite: Im Atelier einer Vergolderin sind Monografien über Meister der Moderne ebenso zu Hause wie allerlei Lasuren, Lacke und Leime.

Die Spur von Gold

Das Handwerk des Vergoldens hat seine Ursprünge vermutlich in Indien: »Es begann vor 4000 Jahren mit der Technik des Blattgoldschlagens«, erzählt Michelle Sachs. Goldblätter sind heute in Heften erhältlich und können bis zu einem zehntausendstel Millimeter dünn sein. Ein Blatt von 8 mal 8 cm kostet ca. 1,50 Euro – das Teure am Vergolden ist die Arbeitszeit. Da es auch Legierungen gibt, findet man über 25 Blattgoldnuancen. Beim Vergolden werden die Blätter dann aus dem Heft gelöst und mit einem Vergolderpinsel, dem Anschießer aus sibirischem Eichhörnchenhaar, auf einen geeigneten Untergrund aufgebracht. Bei Ölvergoldungen – die Michelle häufig macht – sind dies etwa Metall oder Stein. Man benutzt dazu vor allem voroxidiertes Leinöl als Anlegeöl: »Es geht aber eigentlich mit allem, was klebrig genug ist – sogar mit Zuckerlösung, haben wir in der Schule gelernt!«, sagt Michelle lachend.

Eine weitere wichtige Technik ist die Polimentvergoldung, die man traditionell für Bilderrahmen verwendet. Sie kann den Effekt von massivem Gold erzeugen: »Bis wir zu diesem Glanz kommen, brauchen wir einen Aufbau, der nur auf saugenden Untergründen wie Holz oder Stuck funktioniert«, erklärt Michelle. »Dabei arbeitet man mit Leim aus tierischen Häuten, dann kommt Kreidegrund darauf, danach Poliment, eine Tonerde. Schließlich wird das Gold aufgelegt.«

In Berlin gibt es heute rund 15 Vergolder, die frühere Männerdomäne wandelt sich gerade zum Frauenberuf. Lehrlinge aus ganz Deutschland müssen zum Blockunterricht für Vergolder in die Berufsschule für Farbe und Gestaltung nach München. Und da gibt es auch die einzige Meisterschule für das Vergolderhandwerk weltweit.

Allem Anfang wohnt ein Zauber inne: Neben einem leuchtenden »A« in römischer »Capitalis« ruhen zwei typische Vergolderwerkzeuge: ein Achat-Polierstein und ein Fehhaarpinsel aus sibirischem Eichhörnchenschwanzhaar.

Sabine Danielzig
Kalligrafiekünstlerin und Vergolderin

Das Engelsgesicht der Schrift

Wer schreibt, der weiß, dass sich auf einem leeren Blatt unendliche Weiten auftun können: Das Land der Fantasie kennt keine Grenzen – die Schrift legt die Spur dorthin. Ihrer vollendeten Form widmet sich die Kalligrafin Sabine Danielzig mit Leib und Seele. Doch um nur auf dem Papier der Tatsachen zu bleiben, weiß sie zu viel über die kulturstiftende Rolle des Schreibens, über Poesie und die Bedeutung von Worten: Auf dem Rücken edler Lettern kann man mit ihr deshalb durch Raum und Zeit reisen.

»Formvollendete Lettern sind weniger eine Frage von Talent. Der scheinbar Untalentierte gibt nur zu schnell auf.«

Oben: Weiß wie Papier, Rot und Schwarz wie Schrift: Mit einer Bandzugfeder, die es in unzähligen Breiten gibt, führt Sabine eine Variation der »humanistischen Kursive« aus (links). Rechts daneben liegen ein Siegel und Siegelwachs, der Text ist in einer »Copperplate« verfasst.

Linke Seite: Sabines »Scriptorium« in der Alten Stanzerei liegt nur einen kleinen Fußweg von ihrem Laden in Solingen-Gräfrath entfernt.

Bei manchen Schriften darf man mit der Feder nur ganz leicht aufsetzen, bei anderen sollte man ein bisschen Druck ausüben. Einige bestehen nur scheinbar aus geraden Linien, die aber kaum merkliche, taillenförmige Einbuchtungen haben; barocke Ausprägungen frönen oft einer geschwungenen S-Form, satt und sinnlich. Und gotische Schriften haben »dieses Aufstrebende«, schildert Sabine Danielzig. »In der Kalligrafie muss man sich in Buchstaben und ihre Eigenheiten einfühlen können. Und das Einüben charakteristischer Formen und Formfamilien ist dem Musizieren nicht unähnlich.«

Gerade erst war Sabine in New Mexico, wo sie mit einer Kollegin einen Workshop abhielt: »Wir lasen Auszüge aus Rainer Maria Rilkes *Briefe an einen jungen Dichter,* dazu Texte des Religionsphilosophen Romano Guardini, auf Deutsch und Englisch. Bei Rilke ging es ums Reifenmüssen der Dinge und bei Guardini um die Idee, dass jedem Menschen ein Wort mitgegeben ist, das für ihn Schutz, Gefahr und Ansporn zugleich bedeutet und das sich im Laufe seines Lebens erfüllt. Die Kursbesucher haben diese und ihre eigenen Gedanken dazu dann in eine kleine buchbinderische Arbeit übersetzt.«

Nun steht Sabine wieder in ihrer Ladengalerie in Solingen-Gräfrath, das ein bisschen entrückt wirkt mit dem alten Kloster, seinen Fachwerkhäusern, grünen Fensterläden und den Ateliers ringsherum. Hier verkauft Sabine sozusagen die Insignien

Mit einem 1,20 Meter langen, chinesischen Ziegenhaarpinsel wird ein großflächiger Untergrund aufgetragen.

Eine collageähnliche Zusammenführung ganz unterschiedlicher Schriften – auf den ersten Blick erkennt man nicht, dass Sabine immer dieselbe Textvorlage zitiert.

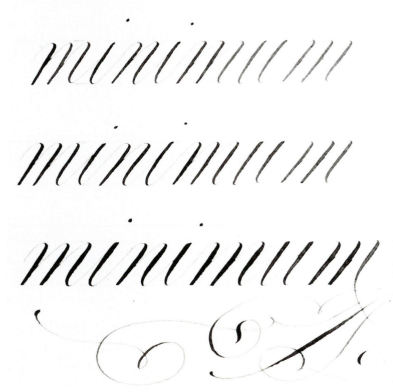

Oben: Flachpinsel benutzt Sabine zum Schreiben, vor allem aber zum Grundieren.

Unten: Diese meisterlichen Überlagerungen von Frakturschrift wurden mit Pinseln und Federn geschrieben.

Ein Übungsblatt: eine »Copperplate« mit kleinen Auszierungen vollendet vollführt? Gut Ding will Weile haben …

> »Ich mag die Ruhe, die von Weiß ausgeht:
> Es lässt einen denken, lesen und genießen.«

der Handschriftkultur: Briefpapier, Siegellacke, Tinten, Federhalter, Kerzen und Keramik und natürlich ihre kalligrafischen Arbeiten. Helle Töne überwiegen, die weiße Magie des unbeschriebenen Blattes eben: »Ich mag die Ruhe, die von Weiß ausgeht: Es lässt einen denken, lesen und genießen.«

In Laufnähe liegt in einer früheren Stanzerei auch das »Scriptorium«. Hier, aber auch quer durch die Republik, gibt Sabine Kalligrafiekurse – 20 bis 25 sind es im Jahr. »Durch meine Räume und die Atmosphäre, die ich dort dank meiner Vorbildung schaffen konnte, kannte man mich bald.«

Mittelalterliche Vergoldungstechniken und Bruchstücke von Ewigkeiten

In ihrem »ersten Leben« nämlich war Sabine Schaufenstergestalterin. Und sie träumte lange von Porzellanmalerei: »Nymphenburg, also die Porzellanmanufaktur, ist ein Zauberwort in meinen Ohren.«

Schon in der Grundschule nahm sie an Schönschreibstunden teil, die ihre nostalgische Schuldirektorin nachmittags anbot. Auf einer Motorradtour im Schwarzwald dann wurde sie, nicht ganz Mitte Zwanzig, in den dortigen Klöstern zum ersten Mal auf Kalligrafiekurse aufmerksam. »Seitdem besuchte ich in der Gegend immer wieder Seminare oder erhielt Einzelunterricht bei erfahrenen Schriftkünstlern, die die Abgeschiedenheit dort schätzten.« Dabei erlernte sie auch die Vergoldungstechniken der mittelalterlichen Buchmalerei. Zehn lange Jahre aber sollten vergehen, bis Sabine fand, dass sie sich offiziell Kalligrafin nennen durfte.

Heute gestaltet sie großformatige Bilder auf Leinwand, Holz oder Papier, oft mit Vergoldungen. Meist ist Schrift dabei das zentrale Element: Den Johannes-Prolog *Am Anfang war das Wort* übertrug sie auf eine Papierrolle von 1,40 mal 4 Meter und für einen Tagungsraum der Caritas schrieb sie ein Vaterunser. Sie nimmt aber auch Aufträge an, schreibt etwa in die »Goldenen Bücher« von Städten und Gemeinden oder Widmungen zu besonderen Anlässen.

In ihren künstlerischen Arbeiten bringt Sabine oft zwei oder mehr Autorenstimmen in Dialog, wie Hildegard von Bingen und Franz von Assisi, die sich jedoch nie begegnet sind; wie verschwisterte Gedanken aus den Weltreligionen und der Philosophie. Bei modernen Literaten hält sie sich zurück, denn da sind oft die Urheberrechte nicht frei. »Außerdem fußt unsere Kultur auf unserer Vergangenheit: Ich mag es, auf großen Leuten aufzubauen und über ihre Gedankenstärke einzusteigen, ja, sich auf dieser Basis neu zu erfinden. Und ich erfahre dabei, dass sie Endzeitängste hatten, ähnlich wie wir.«

Zurzeit hinterfragt sie trotzdem ihren – ja auch formalen – Ansatz, aus »Bruchstücken von Ewigkeiten neue Kompositionen zu entwickeln«, wie sie es auf ihrem Blog umschreibt: »Will ich weiterhin die eigentlich untergegangene Kultur der Buchmalerei in meiner Zeit interpretieren? In der modernen Kalligrafie wird ja viel angezweifelt: Muss Schrift lesbar sein? Oder enthält bereits die bloße Geste des Schreibens die Idee von Schrift? Ich mag die Abstraktion, aber eben auch die überlieferten Schriften, Werkstoffe und Techniken, die Verzierungen mit Bildern und Gold. Auch wenn manche das als unzeitgemäß empfinden mögen, weil Kunst heute ja vor allem als solche wahrgenommen wird, wenn sie verstört. Aber ästhetische Klarheit kommt mir oft viel weniger beliebig vor, und sie neu zu interpretieren, ist eine wunderbare Herausforderung.«

Jeder Schriftzug von Hand ist Ausdruck eines Gemütszustands

Die klassische Kalligrafie fordert buchstäblich den ganzen Körper: »Man muss richtig und entspannt sitzen, das Licht, die Tisch- und die Stuhlhöhe müssen stimmen, und man braucht genügend Platz. Es klingt vielleicht abgegriffen, aber es ist eine Frage der Versenkung. Auch ich muss mich vorher von Ärger oder dem mühsamen Schleppen eines schweren Wasserkastens erholen. Auf das, was ich in nur einer halben Stunde zu Papier bringe, bereite ich mich zwei bis drei Stunden vor. In diese Verfassung muss man sich langsam hineinschleichen, ob durch Schwungübungen, Yoga oder erbauliche Literatur. Und auch ich erkenne am Ergebnis sofort meine Tagesform, also ob etwas bloß handwerklich in Ordnung ist oder wirklich gut. In der akademischen Kalligrafie steckt daher ebenso der ganze Mensch wie im gestisch Wilden, auch hier wird nichts einfach nur mechanisch abgespult.«

Zweifellos zeigt Sabine uns das Engelsgesicht der Schrift.

Die Wand hinter ihr beschriftete Sabine mit einem Flachpinsel in Fraktur. In der Hand hält sie hier chinesische Ziegenhaarpinsel und eine Reißschiene.

Oben: Eine flach vergoldete Schubladen-rückwand, gefüllt mit einem Aquarell und einer Reliefvergoldung in 23,7 Karat auf Kreidegrund und Büttenpapier.

Links: Sabines nostalgisch-verträumtes Ladenatelier.

Kleine Trouvaillen versammelt Sabine hier an einem »Ehrenplätzchen«.

Unten: Dieses Text-Kunstwerk, in einer »Copperplate« geschrieben, nimmt einen mit in andere Zeiten und Landschaften. In der Mitte eine klassische Reliefvergoldung mit einem Aquarell auf einem alten, leinenbezogenen Buchdeckel.

Von Strauchharz, Schwanenfedern und antiken Lettern

»Kalligrafie lässt sich nur von einem Meister lernen, nicht aus Büchern«, davon ist Sabine Danielzig überzeugt. Für jede Textvorlage muss zunächst das richtige Format gefunden werden. Auch eine Linierung ist ganz wesentlich. Ist eine Buchmalerei mit einer Vergoldung vorgesehen, wird diese zuerst angefertigt: Auf Bütten oder Pergament wird dabei ein reliefartiger Aufbau aufgebracht; er kann aus Kreidegrund bestehen oder aus einem besonderen Harz, gewonnen aus Sträuchern aus dem Iran, das tagelang aufbereitet wird – diese Technik kannte man in Europa ab dem 13./14. Jahrhundert. Zuletzt wird dann die Farbe – Gouache, Aquarell oder Eitempera – um die Vergoldungen herum aufgetragen. Letztere findet sich erst ab dem 12. Jahrhundert in der Buchmalerei des Abendlands.
Die Wurzeln des okzidentalen Schrifttums liegen übrigens in der »Capitalis monumentalis«, eine Majuskelschrift, in der auch die Inschrift der Trajan-Säule in Rom gehalten ist. Ihr folgte im frühen Christentum die »Unziale«, die bis zum achten Jahrhundert geschrieben wurde. Eine Schriftreform unter Karl dem Großen brachte abermals ein neues Alphabet; ab dem Mittelalter dominierte dann die »Textura«: Dunkel, lang gezogen und eng, war sie nur schwer lesbar. Aus ihr entwickelten sich die »Schwabacher« und die »Fraktur«. In der Kultur des Abendlands gibt es etwa acht bis neun Grundschriften, mit etlichen Variationen. »Und«, fügt Sabine noch hinzu, »auch in der Ära des Buchdrucks schrieb man noch sehr viel mit der Hand: bis zur Verbreitung der Stahlfeder im 19. Jahrhundert mit dem Gänsekiel – und manchmal auch mit Federn vom Schwan, Raben oder Fasan.«

Im Reigentanz: Bernsteine, Bergkristalle, Jaspisse, Korallen, Amethyste und andere Kostbarkeiten reihen sich hier zu unvergleichlichen Ketten. Auf der Postkarte: Susannes Tochter Laura.

Susanne Scharff
Schmuckdesignerin, Literaturexpertin,
Salonière und mehr

Ganze Tage, in einer Kette erzählt

Einige Menschen können ihre Fühler überallhin ausstrecken, und fast alles, was sie anfassen, gelingt. Susanne Scharff hat drei Visitenkarten und noch mehr Berufe und Fachgebiete. Dass es Frauen endlich besser haben sollen, trieb die Leipzigerin dabei immer schon an. Ihre fantasiereichen Schmuckstücke sind deshalb zwar Aufnahmen ihrer eigenen Gefühlslandschaft, vor allem aber Verneigungen vor der Persönlichkeit der Trägerin. Und sie zieren das Gesamtkunstwerk, das Susannes Leben nun einmal ist.

»Wenn ich entwerfe, will ich nicht zweimal die gleiche Kette machen, aber die Stücke dürfen meine Signatur tragen.«

Manche ihrer Stücke erinnern an Beerenobst, an dem noch ein bisschen aufgewirbelter Sommerstaub haftet. Andere sehen aus wie vom Kieselgrund eines Flusses geerntet. Und wieder andere, als hätte eine Zeitreisende ihre auffunkelnden Erinnerungen in Schmuck verwandelt. Immer aber scheinen Susanne Scharffs Geschmeide etwas Ureigenes zu erzählen.

Vielleicht hat das damit zu tun, dass Susanne so literaturaffin ist. Oder damit, dass sie aus einem Landstrich kommt, durch den in den Sagen Kobolde und Weiße Frauen geistern. Vielleicht aber auch nicht: »Ich liebe das Erzgebirge, aber dort ist es auch eng im Denken und im Fühlen.« Nach dem Abitur ging sie deshalb Anfang der 1980er-Jahre nach Berlin, wo sie Germanistik, Anglistik und Amerikanistik auf Lehramt studierte. »Die Stadt war für mich unglaublich befreiend. Als Kind und Jugendliche hatte ich es gut, dachte aber immer, ich sei im falschen Film. Ich sehnte mich nach etwas anderem. In Berlin habe ich begriffen, dass es das wirklich gibt. Und da lernte ich auch meinen Mann kennen.«

Ab 1987 arbeitete sie als Lehrerin in Leipzig, nach einiger Zeit kamen ihre beiden

Rechts: Finessen im Nacken – Magnetverschlüsse fühlen sich gut an und sind leicht zu handhaben.

Rechte Seite, im Uhrzeigersinn von oben links:

Koralle, antikes Messing (»verlorene Form«), Bernstein, Perle, Achat, Pigeon Egg Beads.

Disthen, indische und italienische Glasperlen, Achat, Jaspis, Rauchquarz und römische Perlen.

Amber, Horn, Glas und vergoldetes Silber aus Israel.

Barockperlen, facettierter Bergkristall, Bernstein Dogon Eggs, Majorica-Perlen, Fluorit.

141

»Ich überlege mir immer, wie eine Frau aussehen würde, wenn sie eine Kette wäre.«

Kinder zur Welt. »Nach der Wende aber wollte ich gerne etwas machen, was bis dahin nicht ging – mit Frauen, Bildung und mit allen Büchern, die wir vorher nicht lesen konnten.«

1990 gründete sie daher eine feministische Bibliothek für Frauen und Mädchen: »MONAliesA«. 1997 wurde sie dafür vom Verein BücherFrauen auf der Frankfurter Buchmesse als »BücherFrau des Jahres« ausgezeichnet; selbst bekannte Feministinnen wie Alice Schwarzer kamen in die Leipziger Bibliothek. »15 Jahre lang lief alles bestens. Wenn ich aber merke, dass meine Beine schwer werden, wenn ich zur Arbeit gehe, brauche ich eine neue Herausforderung.«

Über »MONAliesA« hatte sie die Verlegerin, Schriftstellerin und Literaturwissenschaftlerin Susanne Amrain kennengelernt: »Sie hat viel Neues über die Liebesbeziehung der Literatinnen Virginia Woolf und Vita Sackville-West herausgefunden.« Mit Amrains Unterstützung konnte Susanne in Leipzig einen Laden eröffnen: »Das Einzige, was ich dort nicht verkaufen wollte, waren Bücher und Schmuck. Ich durfte nicht meine beste Kundin sein. Nach ein paar Wochen habe ich dann Bücher und Schmuck verkauft, und zwar am besten«, erzählt sie. »Ich wollte Frauen zum Entdecken einladen; darum gab es im Laden Antiquitäten, Postkarten, Geschirr und Düfte, aber auch Dinge, bei denen man erst herausfinden musste, was es überhaupt war – zweckbefreit, doch sie lösten Glücksgefühle aus. Damals machte ich auch meinen ersten eigenen Schmuck: Manche Frauen wünschten sich eine Kette mit einem Goldverschluss statt einem silbernen. Also tauschte ich den aus. Als ich dann die erste Kette von mir trug, wurde ich immer wieder gefragt, wo ich die gekauft hätte. Deshalb legte ich meinen Schmuck zwischen den anderen – und er verkaufte sich als Erstes.« Nach sieben Jahren aber schlich sich erneut ein bisschen Langeweile ein; und dann wurde die Ladenmiete so drastisch erhöht, dass sie das Geschäft aufgeben musste. »Doch ich wollte etwas aus dieser Zeit mitnehmen: Meine Wahl fiel auf das Thema Schmuck, den ich seitdem zu Hause anfertige.«

Schmuck als neue (Formen-)Sprache

Seit Jahren veranstaltet Susanne auch literarische Salons. »Da verkaufe ich meinen Schmuck bisher am besten. Online gar nicht – ich will keine Päckchen packen, sondern mit der Frau zu tun haben. So war das schon bei ›MONAliesA‹: erst die Frau, dann das Buch.«

Viele Kundinnen kennt Susanne noch aus ihrer Zeit als Lehrerin, andere aus der Bibliothek, über den Laden oder den Salon. »Oft weiß ich, was sie bewegt, kenne ihre Geschichte und ihre Farbvorlieben. Und ich überlege mir immer, wie eine Frau aussehen würde, wenn sie eine Kette wäre. Danach geht es mitunter ganz schnell. Ja, am liebsten schneidere ich einer Frau etwas auf den Leib. Damit es nicht langweilig wird, arbeite ich dabei mit den Effekten Harmonie und Kontrast. Wenn etwa eine Kundin mit einem Kleid zu mir kommt und nicht weiß, welchen Schmuck sie dazu tragen soll, dann denke ich mir nach dieser Formel etwas aus. Mit Material und Struktur zu arbeiten macht mir Spaß, auch wenn ich eine Autodidaktin bin, was die Techniken angeht. Gestaltung kann man ohnehin nicht lernen, glaube ich; aber mehr handwerkliches Know-how wäre ab und zu hilfreich gewesen.« Susanne repariert und verschönert auch Schmuckstücke: »Der Hals ist eine erotische Stelle, da kommt es auch auf den Verschluss an.«

Doch wesentlich ist für sie, ganze Themen »in Schmuck zu ›übersetzen‹ – persönliche Katastrophen wie erfreuliche Erfahrungen.« Unlängst erst gab sie einen Salon zu Frida Kahlo, anlässlich dessen sie eine eigene Kollektion entwarf. Susanne war immer schon nicht nur vielseitig, sondern auch sozial. Und weil man vom Schmuckverkauf allein nicht unbedingt leben kann, arbeitet sie im Hauptberuf heute für ein privates Institut für Textoptimierung. Dabei vermittelt sie in Workshops für Prüfer und Lehrpersonal, wie man das Kauderwelsch in Tests sprachlich so vereinfacht, dass es auch für hörgeschädigte, geflüchtete oder psychisch erkrankte Auszubildende verständlich ist.

Die Resonanz ist enorm, sie ist ein Jahr im Voraus ausgebucht. »Außerdem mache ich noch Systemisches Coaching, dafür habe ich mich zusätzlich ausbilden lassen. Doch wenn ich nach Hause komme, freue ich mich darauf, Schmuck zu kreieren. Er ist nicht nur eine schöne Geschäftsidee, sondern Ausdruck dessen, wie ich innerlich gestrickt bin.« Sie hält kurz inne, bevor sie sagt: »Und ich hatte wirklich schon lange nicht mehr das Gefühl von schweren Beinen.«

Raum dem Schöngeistigen:
In Susannes Salon finden auch
literarische Lesungen statt.

Susanne entwirft ihren Schmuck mit viel Gespür für seine Trägerin. Bernstein übrigens steht für Lebensfreude.

Linke Seite: Ihr Arbeitszubehör ist so ausgesucht und erlesen wie die bunten und handgearbeiteten afrikanischen Perlen aus Altglas gleich daneben.

Ihr »Schmuck-Bureau« ist Werkstatt und Empfangsraum zugleich: Jedes Stück konzipiert Susanne hier vorher in einem langen Gespräch mit der Kundin.

Susanne bietet auch Schmuck an, den sie nicht selbst macht, aber mit Liebe und Bedacht für ihre Kundinnen auswählt.

Wie aus Intuition ein Geschmeide wird

Als Susanne Scharff begann, eigenen Schmuck zu entwerfen, staunte sie auf Fachmessen über die Material- und Formenvielfalt. Heute arbeitet sie mit echten wie mit Kunstperlen, mit Edelsteinen, Messing, Silber, Kunststoff oder Holz ebenso wie mit Samen, Blüten oder Horn. »Und mich ziehen wirklich viele Formen in ihren Bann – ich habe da keine Einschränkungen feststellen können.«

Bei einem ersten Treffen mit der Kundin hat Susanne dank ihrer Übung im »genauen Hinsehen« schnell ein inneres Bild von einem Schmuckstück im Kopf. Darüber und über Farben, Auffälligkeiten oder Verschlussvarianten sprechen sie dann im Detail.

»Einmal wünschte sich eine Dame eine türkisfarbene Kette zu ihrem türkisfarbenen Kleid. Ich aber sah in dem Stoff ganz zart rote Streifen aufblitzen, daher schlug ich ihr stattdessen rote Ohrhänger vor. Das Ergebnis begeisterte die Dame: Das vorher kaum merkliche Rot leuchtete aus dem Kleid jetzt regelrecht heraus.«

Es dauert, bis ein Stück ihren Ansprüchen genügt: »Ich lege Varianten auf ein Schmuckbrett, passe an, lasse wirken. Den Vorschlag, den ich favorisiere, sende ich als Bild an die Kundin; gefällt er ihr, probieren wir den Schmuck an.«

Essenziell ist nur die Inspiration: »Auf einer Reise saß ich einmal an der Donau: Da glitzerte es vor mir in sämtlichen Farben und aller Pracht, die Wasser zeigen kann. Mich erfasste eine unglaubliche Sehnsucht, und ich hatte sofort Steinstränge vor Augen. Es entstand eine überaus begehrte Wasserkollektion – so gelungen ist mir die Umsetzung dessen, was ich da glitzern sah und was ich dabei fühlte. Ähnlich geht es mir mit schönen Erlebnissen, die ich gewissermaßen nachbaue – ja, ich erzähle ganze Tage in einer Kette.«

Mit ihrem unfehlbaren Händchen für alles Schöne, Sinnliche und Selbstkreierte bringt Susanne die Seele zum Schwingen – auch kulinarisch: Gäste verwöhnt sie mit viel Freude und Wärme und bewirtet sie beispielsweise mit selbst gebackenem Brot und hausgemachter Limettencreme mit Granatapfelkernen und Kräutern; oder aber sie reicht handgeschöpfte Schokolade.

Wohin will diese Skulptur, die genauso heißt wie ein Song von Lana Del Rey? Auch bei Brooklyn Baby arbeitete Susanne »ganz bewusst mit dem Kollabierenden«.

Susanne Thiemann
Bildhauerin und Korbflechtmeisterin

Die neuen Verflechtungen

Als Kind spielte Susanne Thiemann oft im Dortmunder Museum am Ostwall, das ihr Vater leitete. Jahre später wurde dort eines ihrer Werke gezeigt. Bis dahin jedoch durchlebte die Künstlerin eine seltene Wandlung von der Korbflechterin zur Bildhauerin. Vielleicht auch deshalb lassen ihre immer öfter nicht zu Ende gearbeiteten Flechtskulpturen aus Industriegummi den Betrachter mit der Frage zurück: fertig oder nicht? Denn wer weiß schon, was da noch kommt. Die Tendenz? Nach oben hin offen!

»Manchmal denke ich morgens:
Oh je, da sind noch zwei Meter zu flechten,
Stunden später aber bin ich wie im Rausch.«

Sie lassen an Tiefseebewohner denken, mit endlosen, forschenden Tentakeln; an ein Sprachkunstwerk der Moderne, verhaftet im Korsett der Konventionen – bis es die experimentellen Fühler ausfährt, die sich dann im wilden Strom erzählerischer Auflösungstendenzen verlieren: Susanne Thiemanns Skulpturen pendeln zwischen Starrheit und Dahinfließen. Und während sich die einen leicht zerknautscht, ja, fast schon demütig der Schwerkraft ergeben, begehren vor allem ihre Stelen dagegen auf, wenn auch mit mehrfach geknicktem Rückgrat.

Susanne nahm nicht den direkten Weg zur Kunst. Dabei war ihr Vater Museumsdirektor. War sie mit ihrer Schwester bei ihm in Dortmund – die Eltern hatten sich früh getrennt –, erlebte sie das Museum am Ostwall als Abenteuerspielplatz: »Es war die Zeit der Installationen und der Environments. Ich sehe meine Schwester noch heute über die Messer und Gabeln hüpfen, die zu einem Werk Wolf Vostells gehörten. Und ich stand staunend und verstört vor einer mit schwarzem Kunststoff bespannten Wand von Agostino Bonalumi, mit etlichen Ausbuchtungen, ähnlich wie bei einer Tonleiter. Sie besaß eine unglaubliche Wucht. Doch ich verspürte da noch keinen Impuls, Künstlerin zu werden – eher wie viele Kinder von Kunstexperten Ehrfurcht

Oben: Vom klassischen Stuhlgeflecht zu experimentellen Höhen – in Susannes Münchner Werkstatt schweben die Objekte Twisted (in Schwarz) *und* Pool of Tears (in Bunt dahinter) *über einer alltäglicheren Korbmacherwelt. Links im Bild: Weidenruten, die auf ihre Verarbeitung warten.*

Rechte Seite: Oft sind Susannes Arbeiten nach Popsongs benannt, wie Lollipop (in der Mitte) *oder* Out of the Blue (rechts). *Die Installation* 10 Rosa Schläuche *ist da die Ausnahme (ganz links).*

oder eine Scheu davor. Auf einer tieferen Ebene haben meine Schwester, die bis heute Gedichte schreibt, und ich das alles aber stark wahrgenommen.«

Susanne entschloss sich dann erst mit 25 Jahren und nach einer rebellischen Lebensphase zu einer Korbflechterlehre: »In Kiel war ich damals viel mit Bootsbauern zusammen und sah, wie sie in ihrer Arbeit aufgingen. Und an Flechtwerken reizte mich das Dreidimensionale.« Ein angesehener Betrieb im bayerischen Rosenheim nahm sie, doch sie war skeptisch, »ob ich als Norddeutsche im Süden zurechtkommen würde«. Ihr Lehrherr Johann Bachinger aber erwies sich als »inspirierend, offen und unglaublich tolerant« – und als Schlüsselfigur für sie.

Vom Handwerk zur Kunst

Nach der Gesellenprüfung wollte Susanne nach Saintes-Maries-de-la-Mer gehen und mit den Roma flechten; oder auch zurück in den Norden: »Das Meer fehlte mir.« Noch heute besucht sie ihre fast hundertjährige Mutter immer wieder in Kiel. »Doch in unserer Innung sagte man mir: ›In München gibt es keine klassische Korbmacherei – dort musst du hin.‹ Also eröffnete ich 1987 meine Werkstatt in der bayerischen Landeshauptstadt.«

Sie konnte schnell davon leben. »Auch wenn es frustrierend war, Stühle zu machen, wo ich doch damals schon gerne frei flechten wollte.« Bald aber stellte sie Mitarbeiter ein, und heute beherrscht ihr Team die Worpsweder Binsenflechterei ebenso wie das »Wiener Geflecht«. Und schon lange ermöglicht ihr Geschäftspartner Lav Bulić Susanne die Kunst, indem er sich weitgehend um den Handwerksbetrieb kümmert.

Nach zehn Jahren dann spürte sie »einen Drang zur Veränderung, angeregt auch durch die Weidenskulpturen meines früheren Chefs Bachinger. Ich wollte mich körperlich austoben an Flechtkörpern – Skulpturen würde ich es da noch nicht nennen. Da ermutigte mich ganz unerwartet mein Vater, der ja viele wichtige Künstler mitentdeckt hatte.«

Die ersten Stelen entstanden und »ich spürte eine Besessenheit, ja eine Notwendigkeit. Mein Vater fand die Arbeiten nicht unbedingt gut: ›Es muss noch ganz anders werden‹, urteilte er. Doch er sagte nicht: ›Das kannst du gleich wegschmeißen!‹, wozu er durchaus in der Lage war. Das war ganz entscheidend für mich.«

Dann kam 2001 in Hamburg der Kurator Dirk Luckow auf sie zu, gemeinsam mit dem Maler Peter Zimmermann und dem Produktdesigner Michael Schuster. Susanne sollte ein riesiges Objekt flechten: Die *Pixelwolke* war dann in den Deichtorhallen zu sehen – »ein großartiger Start für mich. Ihre Entstehung kam für mich einer Transformation gleich. Und der Austausch mit diesen drei Fachleuten war wegweisend: Was konnte man flechten, ohne dass es zum Kunsthandwerk gerät? Ein Punkt, den auch mein Vater sehr im Auge hatte: entweder Handwerk oder Kunst. Peter Zimmermann lotste mich schließlich auch zu neuen Materialien – weg von der geliebten Weide, hin zum Unbekannten, Noch-nicht-Gewagten.«

Bald stieß sie auf dünne rosa Kunststoffschläuche aus den 1970er-Jahren. »Ich flocht erste Skulpturen daraus. Die Farbe verknüpfe ich mit Körperlichkeit, mit Haut und Grausamkeiten; mit Gefühlen wie Abwehr und dem Universum von Louise Bourgeois.«

Einen Kontrast dazu fand sie in schwarzen Materialien wie Keilriemen: »Das Dunkle assoziiere ich mit Brutalität und Folter. Und aus Bändern, die beim Schälen von Truckreifen entstehen, wenn diese neue Profile bekommen, habe ich unzählige Installationen geflochten.« Immer wieder lässt Susanne einen definierten Möbelkörper und eine amorphe Form zu einer Skulptur verschmelzen. Und mehr und mehr fesselt sie auch das Zweidimensionale: »Vielleicht flechte ich in ein paar Jahren auch nur noch kleine Matten.«

Die neue Identität als außergewöhnliche Flechtvirtuosin und Bildhauerin

Es dauerte, bis Susanne über die Lippen brachte: »Ich bin Bildhauerin – obwohl jeder Künstlerverbund mich so führt.« Chris Dercon, immerhin ja ein Kurator von Weltrang und eine Weile ihr Mentor, befand dazu einmal: »Thiemann arbeitet auf dem schmalen Grat zwischen den ›applied arts‹ – dem Handwerk – und Bildhauerei.« Und er riet ihr: »Verleugne deinen Weg nicht – lass dir nicht einreden, dass du in der Bildenden Kunst nichts mit dem Handwerk zu tun haben darfst.«

Auch andere Künstler flechten Objekte, aber durch die ungesehenen Materialien fand Susanne rasch Beachtung, »auf so einer mittleren Ebene. Mir ist bewusst, dass noch viel Raum nach oben hin offen ist, den ich wohl nie betreten werde – aber auch gar nicht mehr muss.«

Ihre nicht zu Ende geflochtenen Stelen scheinen diesen Gedanken zu verkörpern.

Die Skulptur Pink Palace *kippt und löst sich dann auf. Das Ende eines rosaroten Märchens? Jedenfalls lässt sie viel Spielraum für Interpretationen …*

Vogelnester sollen die Menschheit einst zum Flechten angeregt haben. Die Erfindung von Flechtwerkzeugen machte später eine Verfeinerung von Techniken möglich.

Susannes Team fertigt vor allem schöne Gebrauchsgegenstände an – wie Picknickkörbe, Babywiegen oder Sitzprofile. Man versteht sich auf das »Wiener Geflecht« ebenso wie auf die Worpsweder Binsentechnik.

Fast in jedem Haushalt dieser Welt findet sich etwas Geflochtenes – seien es Gartenmöbel oder ein Wäschekorb. Susannes Werkstatt übernimmt daher auch Reparaturen von Stuhlgeflechten und anderen Dingen.

Bei »Flechtworks« finden vor allem natürliche Materialien wie geschälte und ungeschälte Weiden, Peddigrohr und Seewasser-Binsen Verwendung.

Anmut, Komik, Bedrohung, Geheimnis – in einer einzigen Arbeit von Susanne lässt sich so viel erkennen. Links die Flechtskulptur White Rabbit *(2016), oben* Stretch *(2018).*

Linke Seite: Seit Beginn ihrer Selbstständigkeit hat Susanne ihren Meisterbetrieb in München-Maxvorstadt.

Kühnes Korbflechten

Für das Handwerk des Korbflechtens empfiehlt Susanne Thiemann vor allem die Staatliche Berufsfachschule für Flechtwerkgestaltung in Lichtenfels. Früher waren Korbflechter oft auch Korbhausierer, das Gewerbe zählte sogar einmal zu den Blindenberufen. Die Weidenzweige dafür wuchsen kostenlos etwa in Flussauen und an Bachläufen. Susanne ließ das pure Handwerk jedoch hinter sich und wandte sich zweckentbundenen, asymmetrischen Flechtskulpturen zu, bei denen sie »Hochhäuser ebenso im Kopf hatte wie biomorphe Formen«. Und bald verwendete sie Werkstoffe wie Fahrradschläuche, Keilriemen oder Autoreifengummi. Ein Fundus an bunten Kunststoffschläuchen aus den 1970er-Jahren, den sie 2002 in Oberfranken auftat, reicht ihr fast bis heute. »Dieses irre Material war für Kitschkörbe oder die Sitzprofile von Stühlen bestimmt«, erzählt Susanne amüsiert. »Kunststoff generell macht übrigens ganz famose weiche Wellen.« Oft haben ihre Stelen eine Unterkonstruktion. Manchmal aber entfernt Susanne diese nach dem Flechten auch wieder, weil sie »bewusst mit dem Kollabierenden« arbeiten will. Mehrfach besuchte sie zur intensiveren Auseinandersetzung mit ihren Sujets Workshops der Internationalen Sommerakademie für Bildende Kunst in Salzburg. Die Entdeckung durch Chris Dercon auf einer Sammelausstellung im Münchner Haus der Kunst eröffnete ihr neue Möglichkeiten: »Dank seiner Hilfe und der der Münchner Kunstmäzenin Eva Felten bekam ich ein Stipendium in New York City, weitere folgten. Beim Knüpfen eines Netzwerks und der Vermarktung meiner Kunst war meine Werkstatt aber oft der beste Agent, denn dahin kamen Architekten, Designer und Galeristen, um ihre Stühle reparieren zu lassen!«

Ulrikes Keramik: Für die »Blättertechnik« (oben) verwendet sie frisches Laub. Unten: Alte Mythen inspirieren sie sehr.

Ulrike Böglmüller-Buchner
Keramikmeisterin, Naturschützerin und mehr

Ton in Ton mit dem Leben

Ulrike Böglmüller-Buchner ist nicht nur eine Pionierin der Nachhaltigkeit, sie macht auch Musik und schrieb Songtexte. Und sie erschuf im niederbayerischen Haindling bei Geiselhöring ein buntes Paradies auf dem Anwesen, auf dem sie mit ihrem Mann Hans-Jürgen Buchner lebt. Doch lange bevor dieser als Kopf der Band Haindling mit seiner eigenen, humoristischen Spielart der Neuen Volksmusik berühmt wurde, war das Paar schon äußerst erfolgreich in einer ganz anderen »Ton-Kunst«: der Keramik.

»Ich will keine Kunst machen, wo man dann gleich in Tränen ausbricht, wenn ein Stück Keramik oder Porzellan kaputtgeht.«

Yoga-Übungen regten Ulrike zu den Motiven auf dieser Doppelseite an.

Rechte Seite: Der Teller oben links würde sich famos zum Anrichten von Sushi eignen. Alle anderen Bilder zeigen Details von Fliesenwänden im Haus der Buchners. Da passt doch ein Text ganz gut, den Ulrike mit ihrem Mann für seine Band Haindling schrieb: »Ich schwimm' immer noch im Wasser, das so kalt ist und so nass, und ich suche eine Insel ohne Traurigkeit und Hass.«

Der Hochsommer hängt über dem Marienwallfahrtsort Haindling, Kerbelblüten ziehen einen weißen Schleier übers sattgrüne Gras und im Umkreis eines Baumes haben Lampionblumen ein Feuer entzündet. Und jeder noch so leise Wind scheucht in dem riesigen Hanggarten feine Kräuterdüfte auf. Hier haben Ulrike Böglmüller-Buchner und ihr Mann Hans-Jürgen Buchner das ganze obere Dorf – »das alte Dorf« – zu ihrer ureigenen Wunderwelt gemacht:

Ein Komplex aus drei Gebäuden beherbergt Scharen von – oft exotischen – Musikinstrumenten, auf Reisen gesammelte Fundstücke, bunte Möbel und natürlich Keramiken: in Jadegrün, Südseeblau oder Sonnenuntergangsorange. Spielen all diese Sinneseindrücke zusammen auf, glaubt man Ulrike gleich, wenn sie sagt: »Hätte ich meinen Mann nicht getroffen, wäre ich wohl Architektin, Designerin, Biologin oder Homöopathin geworden.«

Sie war 16, da begegneten sie sich zum ersten Mal. Sie verloren sich aus den Augen, Jahre später entdeckte sie durch Zufall eine Keramikwerkstatt – seine: »Wir lernten uns kennen, lieben, wohnten zusammen. Ich durfte mich in seiner Werkstatt ausleben, mitmodellieren, pipettieren, schablonieren, malen, glasieren, kurz: mich als Autodidaktin nach Herzenslust in das Handwerk hineinexperimentieren.«

Gemeinsam gewannen sie dann 1978 den »Bayerischen Staatspreis für Keramik«, für eine Deckelvase aus Porzellan. »Mein

161

Vasen in »Netzoptik« und in einem Jadegrün, das unsere Gedanken in fernöstliche Himmelspaläste entführt, zählen zu den Lieblingstücken der Buchners und markieren Stationen in ihrem Lebenswerk.

»Humor ist ein Licht im langen Tunnel der Erkenntnis und lässt den Blick gezielt ruhiger werden.«

Mann, damals ja noch mein Freund, hat den Ton gedreht. Bei Porzellan ist das sehr schwierig, weil er da sofort ganz kaugummiartig wird. Und ich habe das Stück dann bemalt, in Weiß und Blau: Die Kunst bei der Nass-in-Nass-Malerei besteht darin, dass man in die Glasur malen muss, bevor sie zum ersten Mal gebrannt wird, ohne dass es verläuft; bei einer Handmalerei sollte man zudem die Pinselführung erkennen.«

Auch mit der Geschichte der Keramik und des Porzellans, von den Anfängen bis zur Moderne, beschäftigte sich das Paar eingehend, sogar Reisen wurden danach ausgerichtet. Ulrike, die nach eigener Aussage »nicht gerne zur Schule ging«, bekam 2009 schließlich den Ehrenmeistertitel verliehen.

Ein weiteres Talent von ihr ist das Restaurieren von Möbeln und Häusern: Ihr über 450 Jahre altes Zuhause in Haindling, das eigentlich schon dem Abriss geweiht war, setzte sie weitgehend mit ihren eigenen Händen instand – und »mit viel Liebe. Was ich nur konnte, habe ich dabei aus Keramik gemacht.« Wie die Fensterbretter aus blau-gelben Kacheln, wie Lampen und sogar Treppen, einzelne Wände, den Kachelofen und natürlich die Bäder. Und über den Boden im Glashaus kriechen, in Weiß und Türkis, Fantasietiere, angeregt von der Kunst der australischen Aborigines: »In ihre Malereien habe ich mich einmal in einem Buch verliebt. Bücher – und vor allem Kunstbücher – finde ich unwiderstehlich.«

Durch all ihre Leidenschaften aber zieht sich wie ein roter Faden die Liebe zur Natur. Auch die teilt Ulrike mit ihrem Mann, davon handeln viele seiner Songtexte, die sie oft gemeinsam schrieben: »Sie entstanden, während wir uns abends unterhalten haben. Was Umweltschutz angeht, waren wir da schon Vorreiter. Das Bewusstsein dafür ist ja erst jetzt so richtig bei den jungen Bands angekommen. Sie verehren meinen Mann und wir hören immer wieder von ihnen: ›Du hast ja schon alles gesagt!‹ Wir sprechen auch viel mit der jüngeren Generation über dieses Thema; manche haben tatsächlich noch nie von nachhaltigen Touristikangeboten wie der ›Blauen Schwalbe‹ gehört.

Jedes gute Ergebnis gab Ulrike Energie zurück – für alle Lebensbereiche

Wenn Ulrike ein altes Haus herrichtet, was sie immer wieder einmal auch für andere Leute getan hat, setzt sie darum nie »auf neue Einbauküchen, wo ja auch wieder Plastik im Spiel ist. Eine Küche, die ich gestalte, kann man herausreißen und verbrennen, oder sie kann im Boden verfaulen, ohne dass jemand mit Schadstoffen belastet wäre. Und unsere Möbel haben wir aus alten Schuppen: Eine alte Kommode sieht mit bunten Kreidefarben angestrichen gleich ganz anders aus.« Von Reisen bringt sie statt »irgendwelchem Tand lieber Stoffe mit, mit denen wir dann die Sitzgelegenheiten bei uns überziehen. Ich stehe natürlich nicht mit dem Zeigefinger daneben, wenn Leute es mit dem Naturschutz anders halten, aber ich mache das eben so.«
Auf dem Haindlinger Anwesen befand sich auch die Keramikwerkstatt, in der Ulrike 22 Jahre lang mit ihrer Gesellin arbeitete – Hans-Jürgen widmete sich da schon ganz seiner Musikerkarriere. Dann aber übernahm Ulrike die Pflege ihrer Mutter: »Ich, der wilde Hippie, die Tigerin, war plötzlich zu Hause eingesperrt. Ich war immer müde, doch ich bereue nichts – ich habe dabei viel gelernt.« Seitdem fertigt sie nichts mehr an, doch ihr keramisches Schaffen erfüllt sie heute, mit 70 Jahren, mit viel Freude und Stolz. Sie genießt »so manches besonders gelungene Stück. Ich bin dankbar, dass ich das alles realisieren durfte. Und ich wundere mich oft, was in einem Leben so alles möglich ist, wenn die Liebe dafür da ist. Jedes schöne Ergebnis hat mich gestärkt.«

Ein paar Tonvorräte und Glasuren hat sie aufgehoben: »Ich dachte, ich mache das vielleicht im Alter dann als Hobby. Doch noch ist das nicht passiert.« Ihr Garten ist ihr jetzt wichtiger. »Ich habe ihn mit 45 Tonnen Stein neu angelegt. Vor zwei Jahren kam noch mal ein ganzer Hang dazu, den ich recycelt habe. Da war früher ein Schuttabladeplatz, dort habe ich frische Erde aufgeschüttet, Trockenmauern gelegt – und noch immer sind nicht alle Steinwände mit Pflanzen bewachsen.«

Eine weitere große Liebe in ihrem Leben – ihr Rezept auch gegen all seine Unbill – ist übrigens der Humor: »Er ist ein Licht im langen Tunnel der Erkenntnis und lässt den Blick gezielt ruhiger werden.«

Diese beiden fantastischen Gestalten sind Selbstporträts von Ulrike und Hans-Jürgen: »Er hat sie gedreht, und ich habe sie dann dekoriert«, erzählt Ulrike. »Sie begleiten uns schon lange in unserem über 450 Jahre alten Haus …«

… und die Beschäftigung mit der Kunst der australischen Urbevölkerung, den Aborigines, befeuerte unübersehbar ihren Entstehungsprozess.

Eine grünblaue Unterwasserwelt mit stilisierten Seerosen – die Natur ist Ulrikes beste Ideengeberin. Oben: Die Signatur von »Buchner-Keramik«.

Im Haindling-Song Sehnsucht, den Ulrike mittextete, heißt es: »Ich träum' von Wärme und dem Himmel voller Geigen. Ich will nur liegen unterm immergrünen Baum.« Ulrikes Antwort darauf sind fabelhafte Gegenwelten – auf ihren Keramiken sind sie voller Wunderwesen.

Linke Seite: Der rote Flügel steht schon fast symbolisch für die Energie, mit der Ulrike all ihre verschiedenen Tätigkeitsfelder bestellt.

Rechts: Bunt sind die Leidenschaften der Buchners – und fröhlich-bunt ist's auch in ihrer Küche.

Grüne Blätter, Nylonstrümpfe und fantastische Wesen

Auch in der Keramik richtet sich Ulrike Böglmüller-Buchner »nach dem, was die Natur gerade anbietet«. Die Blättertechnik beispielsweise ist eigentlich ein »Schablonieren mit Naturprodukten«. Im Winter kann man sie nicht anwenden, weil das Laub dazu frisch sein muss. Jedes Blatt wird dabei vorher mit dem Nudelholz geschmeidig gewalkt, dann auf einen geeigneten Untergrund aufgebracht: »Ich verwende dafür alle Arten von Ton, also gelben, weißen, schwarzen und roten.«
Das Objekt wird jetzt zuerst mit Glasur aus einer Schöpfkelle »geschüttet«, danach mit der Pistole gespritzt; die Blätter werden wieder entfernt und es wird noch mal gespritzt, damit die Oberfläche nicht zu porös wird und man das Stück im Haushalt benutzen kann. »Die Blattstiele müssen nachträglich herausgeritzt werden. Sie sind zu hart, als dass man sie plätten und auf den Ton aufbringen könnte, daher nimmt man sie vorher ab. Zuletzt kommt noch mal eine Glasur darüber.«
Selbst entworfene Schablonen aus festem Papier verwendete Ulrike natürlich auch: »Bei mir wurden das oft Fantasie- und Wassertiere, auch kombiniert mit Blättern. Sie waren angeregt von indianischer, chinesischer oder japanischer Mythologie – märchenhaft, aber kein Kitsch.«
Deckelvasen, traditionell aus China, verzierte sie in experimenteller Manier – mit den Abdrücken von Nylonstrümpfen! »Es sah aus wie eine Schlangenhaut, fanden indische Gäste von uns gleich.«
Ihre Glasuren hat Ulrike immer selbst gemischt, da sie umweltfreundlich sein sollten. Ihre große Liebe zur Natur fand auch da ihren Ausdruck: So hat sie mit Glasuren beispielsweise Sonnenuntergänge nachempfunden – in Hellblau und flammendem Orange.

Die Farbenlehre des Bauhauses beeinflusste Ursula schon in der Studienzeit – und prägte auch ihre reduzierten Stoffdessins in aussagekräftigen Farbkombinationen.

Ursula Eva Hampe
Textildesignerin und Farbberaterin

Die Botin der Farben und der vergessenen Künste

Dass das Blau des Meeres die Unendlichkeit des Himmels in sich fortspiegelt, klingt schon – unerreicht schön! – in einem japanischen Haiku an. Farbe ist für uns stets ein Faszinosum. Wie sie auf uns wirkt, was sie vermag und wie man sie am besten einsetzt, darin ist Ursula Eva Hampe Expertin. Und die Textildesignerin kennt sich mit vielen, oft exotischen oder bereits vergessenen Verfahren zur Herstellung von Stoffen und Garnen aus. Nun ist sie dabei, ihr kostbares und rares Wissen weiterzugeben.

»Wie man mit Farbe gezielt
umgeht, wissen nur wenige.«

Für Kinder sind helle Farben nichts, weil sie sie noch nicht gut unterscheiden können.« Wenn Ursula Eva Hampe aus ihrem nuancierten Farbwissen schöpft, bringt sie immer noch viele zum Staunen. »Farbe taucht etwa als tradierte Symbolik in Redewendungen auf: ›einen grünen Daumen haben‹, ›der blaue Montag‹, ›die Liebe ist rot‹ und ›die Treue blau‹. Wie man aber mit Farbe gezielt umgeht, wissen nur wenige. Dabei ist sie viel mehr als eine Oberfläche.« Sie gibt ein Beispiel: »Blinde Menschen empfinden rote Wände in einem Zimmer als warm, blaue hingegen haben für sie eine kühlere Abstrahlung. Und in einem dunkelblauen Pullover schwitzt man mehr als im roten – der rote gibt Wärmestrahlung ab und hält die Kühle, beim blauen ist es umgekehrt. Deshalb halte ich auch blaue Hausdächer für Unsinn, weil die Wärme nicht richtig entweichen kann. Das begünstigt die Schimmelbildung. Das Haus ist zwar gut isoliert, doch die Feuchtigkeit zirkuliert nicht ausreichend.«

Linke Seite: Die Textilexpertin probiert gerne eigenhändig aus, wie sich eine Webtechnik umsetzen lässt, wie die Struktur eines Stoffes wirkt und wie er sich anfühlt. Ein optisches und haptisches Erlebnis.

Oben links: Beim Weben kann man fast jedes Muster erzielen und eine Fülle an Materialien verwenden. Hier wird Papiergarn in mehreren Farben am Handwebstuhl zu einem kunstvollen und vor allem auch nachhaltigen Läufer verarbeitet.

Oben rechts: Die Weberschiffchen haben (Schuss-)Faden und Fahrt aufgenommen – das Handwerk zählt zu den ältesten der Welt, noch vor der Töpferei.

Frisch und dabei kuschelig wirken diese Kissenüberzüge in »schüchternem« Grau, zartem Apricot und Weiß.

Ornamente schätzt Ursula eigentlich nicht so sehr. Aber mit einer filigranen Stickerei veredelt sie Bettwäsche gerne (oben).

Unten: Diese Kissenüberzüge sind aus Seide – und einer davon hat sogar fünf Ecken.

Stickerei auf einem Seidenkissen: Ein bisschen klingt hier das Werk Joan Mirós oder Paul Klees an. In jedem Fall aber lädt die Komposition zum Träumen ein.

Entwürfe von Ursula, daneben die fertig bedruckte Kinderbettwäsche dazu: Die Textildesignerin begleitet ihre Produkte oft von der Entwicklung bis hin zur Vermarktung.

Als Farbberaterin schuf sich Ursula durch eine Ausbildung an der International Colour Academy eine Nischenqualifikation: Unternehmen konsultieren sie, sie entwickelt Farbkonzepte für private und öffentliche Räume, hält Vorträge zur Symbolik der Farben und verfasste Artikel und ein Blog zum Thema. Eigentlich studierte die Wahlberlinerin, die bei Bonn geboren wurde und in Bayern aufwuchs, aber ab 1978 Textildesign »im tiefen Oberfranken, an der Fachhochschule Münchberg, einem Ableger der Hochschule Coburg. Ich konnte mich dort austoben und war auch entsprechend gut. Unter den Professoren gab es viele Künstler – ein bisschen wie am Bauhaus.«

Von der Bauhaus-Apologetin zur Sammlerin und Hüterin seltener Textiltechniken

Die Schwerpunkte ihres Studiums waren Technik und Kunst, Textildesign wurde eher am Rande abgehandelt. »Das war ideal für mich. Im Entwerfen von Stoffen bin ich im klassischen Sinn keine Meisterin. Ich drücke mich eher in Farbigkeit aus und mag das abstrahierende Zeichnen mehr als ausgetüftelte geometrische Muster.«

Vor allem die Farbenlehren der Bauhauskünstler Johannes Itten und Paul Klee prägten sie sehr: »Bei Klee wird diese musikalisch: Ein Bild malen ist bei ihm wie ein Musikstück komponieren.« Nach dem Studium begann Ursula eine Lehrtätigkeit an der Universität Oldenburg. Außerdem kreierte sie Dessins, die sie auf der Frankfurter Textilmesse »gut verkaufen konnte. Doch ich gab sie aus der Hand, das war für mich seelenlos: Ich wollte das Produkt gerne noch weiter begleiten. Daher suchte ich Firmen, mit denen ich im Verbund arbeiten konnte.« Jahrzehntelang kooperierte sie so vor allem gut mit kleineren Herstellern von Heimtextilien, die »eigentlich jemanden von der Produktentwicklung bis zur Vermarktung brauchten«. Für diese entwarf sie Bettwäsche, Tapeten, Seidenstoffe oder Kaschmirschals; für Kinder und Erwachsene, auf dem Papier und später am Computer.

Früh beschäftigte sie sich auch mit seltenen Techniken: »Als ich erfuhr, dass der Hamburger Interior Designer Jan Wichers in Indien auf Stoffe gestoßen war, die nach der Ikat-Technik gewebt worden waren, musste ich da unbedingt selbst hin.« Beim Ikat-Verfahren wird bereits das Garn abschnittsweise eingefärbt, oft in mehreren Farben und im Wechsel mit ungefärbten Partien.

In Indien ließ sie immer wieder Entwürfe umsetzen: »Am Anfang habe ich dort viel falsch gemacht, weil ich die Kultur nicht kannte. Hebt man da etwas vom Boden auf, ist man beschmutzt. Die Leute dort können dann nicht mehr mit dir arbeiten.« Weil sie aus dem Westen kam, »war ich für sie eine ›Heilige‹. Ich musste lernen, distanziert und hierarchisch zu agieren. Und plötzlich trat man mir mit der größten Offenheit, Flexibilität und Achtung entgegen. Ich gehörte nun dazu.«

Das Entwerfen am Computer veränderte das Stoffdesign: »Heute ist ein Druck nur noch eine Masse an Informationen. Statt mit der Hand zu zeichnen oder zu malen, lädt man Dateien aus dem Internet herunter und packt sie zusammen.« Aus diesem Tagesgeschäft hat sich Ursula inzwischen zurückgezogen. »Mein Ziel ist es nun, Menschen auf der ganzen Welt bewusst zu machen, über was für großartige tradierte Textiltechniken sie verfügen und dass sie diese bewahren sollen. Denn überall geht wertvolles überliefertes Wissen seit geraumer Zeit rasant verloren.«

Zudem taucht sie weiter in die Welt der Farben ein: »In Amerika wirken Farben anders als in Europa, wegen des unterschiedlichen Lichts.« Doch Farben prägen auch das »Bild« einer Nation, sagen etwas über die Menschen dort und ihre Kultur aus: »Je klarer die Farben sind – wie in Mexiko –, desto größer ist die Vitalität der Bevölkerung. Je ›kultivierter‹ ein Land ist, umso mehr wird diese Lebendigkeit verdrängt und die Farben werden sanfter, zurückhaltender, trüber. Die Farbpalette Frankreichs ist eher unterkühlt und blaustichig: Französische Filme sind handlungsarm, es wird endlos geredet – Blau ist ja auch eine Farbe des Intellekts. Den Engländern hingegen haftet etwas leicht Angestaubtes an. Die Farben dort sind alle ein bisschen eingetrübt und schwer: Sie stehen für ein Festhalten an der Tradition.« Ursula zeigt dazu jeweils Farbbeispiele aus dem Buch *Colors in Context*. »Und die Deutschen scheuen vor Wandfarben zurück. Weiß ist das Sicherste und nicht so emotional, im Sinne von ›Da leg ich mich nicht fest‹. Weiß, das ja keine Spektralfarbe ist, ist der Anfang von allem. Deutschland ist nie mit sich zufrieden, ständig auf der Suche mit diesem Wandweiß, das auch den Wunsch nach Perfektion ausdrückt. Aber Menschen sind, dem Himmel sei Dank, nicht vollkommen.« Dann ergänzt sie noch: »Gelb ist die Farbe der Ideen, sprunghaft, unzuverlässig, wie die Sonne, die kommt und geht, aber auch warm ist.« Und Grün? »Das ist eine Farbe des Wachsens.«

Eins der größten Anliegen Ursulas ist, dass alte Techniken zur Herstellung von Textilien nicht vergessen werden.

das bauhaus webt

Linke Seite: Eine Pinnwand voller Stimmungsbilder, Stoff- und Farbmuster.

Links: Eine handgewebte Tasche ganz im Zeichen von »Slow Fashion«.

Oben: Zu Ursulas Lieblingsbüchern zählt Gunta Stölzls Weberei am Bauhaus und aus eigener Werkstatt *(Titel-Ausschnitt).*

Wie Ursula Eva Hampe Kultur weiterwebt

Im Studium webte, strickte oder druckte Ursula Eva Hampe noch von Hand. »So probiere ich auch heute noch eine Idee aus. Klappt sie dann nicht, fällt einem oft noch etwas dazu ein.« Die Textildesignerin experimentiert auch mit alten manuellen Gestaltungsverfahren, wie dem Papierschöpfen, der Kunst des Ölmarmors oder des japanischen Shibori. So entstehen kulturell verankerte Strukturen und Optiken, die in dieser Form nicht digital entwickelt werden können.

»Handwerk und Design zu verbinden hat im technikaffinen Deutschland wenig Tradition«, erzählt Ursula. »Weber lernen hier keine Gestaltung, und Kunsthandwerk wird vom Staat zu wenig gefördert. In England dagegen laufen die Fäden von Gestaltung und Handwerk in den Firmen zusammen: Die Entwürfe dort sind wunderschön und technisch unglaublich gut.«

Ursula hat vor, ein Buch über vergessene handwerkliche Textiltechniken zu schreiben, die »nachvollziehbar« vermittelt werden sollen. Mit neuen Ideen, Materialien und Produkten sollen sie so ihren Weg ins »Jetzt« finden. »Man kann sich viel aus Büchern beibringen: So habe ich prähistorische Textiltechniken erlernt, etwa die Sprangtechnik, die dem Stricken voranging. Dazu gibt es ein Buch des Briten Peter Collingwood, ebenso zum ›Ply-Split Braiding‹, das im Grunde nur noch ein einziger Mann in Indien beherrschte.«

Um verlorene Traditionen wiederzubeleben, reist Ursula durch die Welt, so erst vor Kurzem nach Marokko zu den Berberinnen im Hohen Atlas: »Dort verfügten sie einmal über großartige Farben und Techniken, doch jetzt muss jemand von außen kommen und ihnen zeigen, was sie einmal konnten!«

Unter Weinlaubranken: Der Kissenbezug aus Kamelwolle und die Decken aus handgewebter Babykamelwolle machen Verenas Familiensitz Schloss Eschenbach gleich noch behaglicher.

Verena Ebner von Eschenbach
Modedesignerin und Nachhaltigkeitsaktivistin

Mit Verve für Kaschmir, Yak und den Planeten

Verena Ebner von Eschenbach will mehr als edle Pullover und multifunktionale Tücher aus Kaschmir, Yak- oder Kamel-Haar kreieren: Die Designerin aus München ist eine Überzeugungstäterin, die unsere Faszination für streichelzarte Gewebe mit einer lebenswerten Welt für alle in Einklang bringen möchte. In weniger als fünf Jahren erschloss sie sich über Kontinente und Kulturkreise hinweg ein Produktionsnetzwerk – und strickt unermüdlich an immer besseren Nachhaltigkeitskonzepten für die Zukunft.

»Mode muss entschleunigt werden – vier bis acht Kollektionen im Jahr sind zu viel!«

Als Verena Ebner von Eschenbach zum allerersten Mal Kaschmirflaum von der mongolischen Ziege zwischen ihren Fingern spürte, löste das Flashbacks in ihre Kindheit aus: »Eines Tages hatte ich mich auf dem Schlossgut meines Lieblingsonkels zu den kleinen Küken gekauert. Piepsend hüpften sie um mich herum, zupften an mir, und hatte man eins in der Hand, fühlte man nur einen Hauch von Nichts«, erzählt sie. Ein andermal rettete sie mit bloßen Händen einen Wurf flauschiger Zwerghasen aus einem Erdloch im elterlichen Garten vor dem Regen. Beide Sinneserfahrungen prägten ihre innige Verbindung zu Tieren.

Ihr Faible für Mode wuchs dagegen eher leise heran: »Meine Mutter hatte einen Schneidersalon, erst in München, dann in Bad Tölz. Da hielt ich mich oft auf, um ihr nah sein zu können. Später entwarf sie meine Abendkleider, auf die ich mächtig stolz war. Für mich allerdings war Nähen, so wie meine strenge Mutter es haben wollte, lange zu kompliziert. Obwohl ich in Handarbeiten und Kunst immer gut war.«

Links: Innovation, doch bitte mit Traditionsbewusstsein, so ist es um Verenas Welt bestellt: Ein »Ex-Libris« zu Schloss Eschenbach, umringt von Siegellack und alten Briefsiegeln, die einst zum Depeschen schreiben da waren.

Rechte Seite oben: Als hätte Verena diese handgewebten Kaschmirdecken nach den Farben der Wände und Möbel hier gestaltet!

Darunter links die Schlüssel zum Stammsitz derer von Eschenbach, rechts davon ein Tuch und eine große Decke aus Kaschmir: Ihr wellenförmiges Muster wurde nach einer besonderen Technik gewebt.

Schloss Eschenbach an der Pegnitz in Mittelfranken: Dorthin zieht es Verena immer wieder, auch wenn sie ihr Modelabel vor allem aus München heraus betreibt.

Die Früchte der Arbeit: ein Korb mit ausgekämmter Kaschmirwolle von schwarzhaarigen Ziegen aus der Äußeren Mongolei, daneben frisches Obst aus dem herbstlichen Schlossgarten.

Verenas altes Logo, von Weinbeeren umgeben – inzwischen wurde es schlichter gestaltet, nach dem Vorbild des »Endless Knot«, dem nicht nur in der Mongolei viel Symbolik anhaftet.

Das »Krönchen« mit Halbedelsteinen vorne rechts und den bayerischen Trachten-Kopfputz für Damen in der Mitte fertigte Verena selbst. Das Tuch ist aus handgewebter Kaschmirwolle.

»Es geht nicht wider die Natur.«.

Ihr nachhaltiges Luxusmodelabel »Verena von Eschenbach« dirigiert sie vor allem aus ihrer Wohnung in München. Viele Stücke erzählen hier von den musischen Einflüssen in ihrer Familie: Das wandhohe Ölgemälde im Wohnzimmer ist von ihrer Urgroßmutter, die große Harfe dort spielt Verena selbst, waren doch »väterlicherseits bei mir alle sehr musikalisch«. Und sie stammt vom Geschlecht derer von Poschinger ab, das in Bayern untrennbar mit der Glashüttentradition und nicht zuletzt auch mit der Geschichte der Kristallglasmanufaktur Theresienthal verwoben ist. Nur die berühmte Marie von Ebner-Eschenbach, die Schriftstellerin, ist keine Blutsverwandte: »Sie heiratete ein.«

Doch ums Schreiben ging es Verena auch gar nicht, ihre Liebe galt der Keramik. Dieser Traum zerschlug sich früh, daher entschied sie sich für eine Ausbildung an der Deutschen Meisterschule für Mode in München. Eine Reihe von Tätigkeiten für namhafte Designer der Stadt schloss sich an. Ihr Berufsleben stand dann für einige Jahre beinahe still, als sie sich um ihre Kinder Janina und Simon kümmerte – auch weil diese sehr unter dem Zerbrechen der Beziehung ihrer Eltern litten. Diese Zeit begleitete eine Umzugs-Odyssee durchs bayerische Voralpenland.

2014 dann lernte sie auf einem Kongress für nachhaltige Kosmetik eine Frau kennen, die in Nepal Accessoires herstellen ließ. »Ich fragte sie spontan, ob ich dort nicht auch einmal einen Schal machen lassen könnte, den ich schon lange im Kopf hatte. Und vielleicht noch einen Trachtenjanker und einen Pullover. Da erfuhr ich, dass das eine kleine Mindestabnahme erforderte.«

War das ein Wink an sie zurück zum Modedesign? »Nur mit Achtung für Menschen, Natur und Tiere«, stand für Verena fest. »Ich hatte mich ja schon einmal nicht ohne Grund aus dieser Welt verabschiedet: Die frühe Sterblichkeit der Frauen in den Herstellungsländern, ungesunde Färbemethoden, Kinderarbeit – und alles, weil wir uns einbilden, vier- bis achtmal im Jahr Mode haben zu müssen.«

Handlungsreisen nach Zentralasien und das Geheimnis des schwarzen Ziegenhaars

Mit einem Schal, einem Pullover und einem Yak-Poncho in erdigen Farbtönen war Verena ab September 2014 auf den ersten Messen präsent, schnell wurden ihre Teile auch farblich definierter. Irgendwann wollte sie sehen, wo und wie diese entstehen: »Das noch immer ziemlich spirituelle Leben in Nepal und das Nebeneinander von Gut und Böse in der Metropole Kathmandu, die all meine Sinne anspricht, berührten mich sehr.«

Auf der »Ethical Fashion Show Berlin« wurde sie zudem auf Firmen aus der Äußeren Mongolei aufmerksam, die Kaschmir-, Kamel- und Yak-Wolle aus ihrer Heimat verarbeiteten. Ein Vermittler von der Deutschen Gesellschaft für Internationale Zusammenarbeit (GIZ), Karl Krug, bot seine Unterstützung an. Verena wurde eingeladen, erst in die mongolische Hauptstadt Ulan-Bator, dann in die Steppe: »Ich war tief beeindruckt von den Menschen dort – von der Weite, der Stille und den frei lebenden Viehherden.« Auf der Suche nach Handelspartnern besichtigte sie auf diesem Trip mehrere Unternehmen. In allen Schritten konnte sie so mitverfolgen, wie die Wolle verarbeitet wurde. »Ich war eine der ersten aus dem europäischen Raum, der solche Einblicke zuteilwurden. Und schwuppdiwupp bat man mich um ein kritisches Urteil. Ich fand dort viel Gutes, aber auch, dass hier das Licht schlecht war und da wieder die Bewegungen bei der Arbeit zu einförmig abliefen.«

Eine zweite Reise in die Mongolei sollte sie zu Yak-Haar-Lieferanten führen – und zu den schwarzen Ziegen: »Ich jubilierte, weil ich glaubte, ich könnte mit schwarzem Kaschmir arbeiten, ohne zu färben. Doch als die Nomaden die Ziegen zum Haarwechsel im Frühling auskämmten, war nur das Oberhaar schwarz – und der Flaum graubeige! Dafür war er noch zarter als bei weißen Ziegen. Ich kaufte 400 Kilogramm, daraus entstand eine wunderbare kleine Kollektion, die nach einem schwierigen Jahr meine Rettung war.

Es war eine unglaubliche Reise, 16 Stunden in einem russischen Furgon, auch meine Kinder waren mit dabei. Und die Nomaden empfingen uns mit einem Festmahl!«

Ihre Arbeit in Zentralasien beflügelt Verena spürbar, ihr Alltag in München nicht immer: »Ich arbeite an sieben Tagen die Woche, und dabei geht es selten um den kreativen Teil: Marketing, Fundraising oder ein Marken-Relaunch wie 2018 rauben viel Zeit. Hätte ich geahnt«, fährt sie fort, »wie viele Hindernisse ich jeden Tag zu bewältigen habe, hätte ich das alles wohl sein lassen. Aber weil ich so brenne, nicht nur für meine Entwürfe, sondern noch mehr dafür, dass wir Menschen endlich besser mit der Natur harmonieren, mache ich weiter.«

Federleicht: »Black Kashmir« auf einer Kupferwaage.

Zwischen Mai- und Waldgrün schwebt die Wandfarbe in Verenas Münchner Zuhause: Dort hängt auch ein Porträt ihrer Kinder Simon und Janina der Malerin Babette Brühl.

Brücken weben

Bei der Zusammenarbeit mit Nepal oder der Mongolei kommt Verena Ebner von Eschenbach ihre große Anpassungsfähigkeit zugute: »Bietet man mir Kamelkäse an, lehne ich nicht ab. Und ich möchte niemandem mein europäisches Denken aufzwingen.«
Für ihre Tücher, Pullover, Ponchos oder Janker wird das Unterhaar vom ein- bis zweijährigen Kamel, vom Yak oder aber Kaschmir von der Ziege verwendet. Die Auskämmung findet zur natürlichen Mauser im Frühjahr statt.
Bevor eine Kollektion entsteht, überlegt die Designerin, wie sie ihre Rohstoffe miteinander mischen könnte. Deutsche Kunden erwarten mindestens zwei Kollektionen im Jahr, das verlangt auch ein Gespür für Trendfarben, die im Sinne der Nachhaltigkeit trotzdem langlebig sein müssen.
Das ausgekämmte Fell wird indes in der Mongolei in Seifenlauge gewaschen, dann wird das feine vom groben Haar getrennt: Nur die »Daunen« (das Unterhaar) werden zum zweifädigen Garn versponnen, das dann oft gleich gefärbt wird. Beim Weben experimentiert Verena derzeit mit einer neuen Technik auf Basis alter Webverfahren. Ihre Muster sind eine Mischung aus den Traditionen und dem Machbaren vor Ort und dem Geschmack der Europäer: »Die handgesteuerten oder mechanischen Webstühle in Nepal lassen nicht jede Webart zu. Daher mache ich keine Vorgaben, die dann nicht umsetzbar sind. Lieber versuche ich, Vorschläge leicht abzuändern.« In Fragen der Webtechnik berät sie sich außerdem mit der Berliner Textilexpertin Ursula Eva Hampe (siehe S. 168).
Verena will aber auch helfen: »Ich möchte Brunnen bauen für die Tiere und daran arbeiten, dass Ulan-Bator von Smog befreit wird: Die Kohlekraftwerke verursachen ihn, aber auch die Öfen in den ›Gers‹, den Zelten der Nomaden. Meine Strickerin hustet mit nur 29 Jahren bereits ganz furchtbar.«

Verena umgibt sich am liebsten mit Dingen, die einen starken Bezug zu ihrer Biografie haben: Die grapefruitpinke Kürbisflasche neben dem vollgrünen Flakon stammt aus der Kristallglasmanufaktur Theresienthal, das Schnupftabakfläschchen aus Achat aus der Mongolei.

Adressen

Claudia Biehne
Porzellankünstlerin
Offenes Atelier im Kunstareal der
ehemaligen Baumwollspinnerei
Spinnereistraße 7
Haus 10
04179 Leipzig
biehne@yahoo.de
www.biehne-porzellan.de
Seiten 58–67

Ulrike Böglmüller-Buchner
*Keramikmeisterin, Naturschützerin
und mehr*
94333 Geiselhöring
www.haindling.de
Seiten 158–167

Sabine Danielzig
Kalligrafiekünstlerin und Vergolderin
In der Freiheit 35
42653 Solingen
info@briefundsiegel.de
www.briefundsiegel.de
Seiten 128–137

Verena Ebner von Eschenbach
*Modedesignerin und
Nachhaltigkeitsaktivistin*
Sternwartstraße 5
81679 München
info@edelreichvoneschenbach.de
www.verena-von-eschenbach.com
Seiten 178–187

Claudia Flügel-Eber
*Perlenstrickerin, Handarbeitsvirtuosin
und Gründerin des Ladencafés und
Perlenbeutelmuseums »Carakess«*
Unter den Schwippbögen
93047 Regensburg
info@kunsthaltig.de
www.carakess.de
Seiten 68–77

Ursula Eva Hampe
Textildesignerin und Farbberaterin
Fredericiastraße 31
14059 Berlin
hampe-design@kabelmail.de
www.hampe-design.de
Seiten 168–177

Elke Hirsch
Designerin und Drechslerin
Bergstraße 65
76646 Bruchsal
info@hirsch-woodenheart.com
www.hirsch-woodenheart.com
Seiten 78–87

Michaela Keune
Modemacherin
Habenschadenstraße 8
82049 Pullach
info@michaelakeune.de
www.michaelakeune.de
Seiten 108–117

Christel Lechner
Bildhauerin und Installationskünstlerin
Lechnerhof
Stoltenbergstraße 15
58456 Witten
kontakt@christellechner.de
www.christel-lechner.de
Seiten 38–47

Christiane Mergner
Glasmalerin und Meisterin des Glaserhandwerks
An der Industriebahn 12–18
13088 Berlin
Showroom Berlin-Glas
Gewerbehof Anklamer Straße 38–40
10115 Berlin-Mitte
info@berlin-glas.de
www.berlin-glas.de
Seiten 48–57

Michelle Sachs
Vergolderin
An der Industriebahn 12–16
13088 Berlin
www.goldsachs.de
Seiten 118–127

Susanne Scharff
Schmuckdesignerin, Literaturexpertin, Salonière und mehr
Postadresse: Roßstraße 8a
04103 Leipzig
post@schmuck-bureau.de
www.schmuck-bureau.de
Seiten 138–147

Friederike Schleyerbach
Textildesignerin
Post Beratzhausen
93176 Katharied
info@schleyerbach-katharied.de
www.schleyerbach-katharied.de
Seiten 88–97

Alexandra von Schönberg
Buchbinderin und Papeteriekünstlerin
Hartschimmelhof
82396 Pähl
kontakt@papierundstoffe.de
www.papierundstoffe.de
Seiten 8–17

Katharina Sigwart
Modistenmeisterin
Yva
Bleibtreustraße 20
10623 Berlin
info@yva.de
www.yva.de
Seiten 98–107

Susanne Thiemann
Bildhauerin und Korbflechtmeisterin
Kreittmayrstraße 18
80335 München
sthiemann@susanne-thiemann.de
www.flechtworks.de
Seiten 148–157

Alice Gräfin zu Toerring-Jettenbach
Keramikkünstlerin und Pflanzenheilkundige
Schloss Seefeld
Schlosshof 2
82229 Seefeld
creation.erde@gmail.com
Seiten 18-27

Annette Vogel
Buchkünstlerin, Grafikerin und Biologin
Schöttlstraße 3
81369 München
info@vogelpresse.de
www.vogelpresse.de
Seiten 28–37

Danksagungen

Mein ganz besonderer Dank gilt dem Prestel Verlag, Claudia Stäuble und Julie Kiefer, wie auch der Autorin, Niamh Blumstrom, und den Grafikerinnen Sibylle Schug und Barbara Mally, die Fotografie und Texte ausdrucksvoll zusammengefügt haben.

Claudia Stäuble hat als Programmleiterin mit ihrem Engagement diesen Band überhaupt erst ermöglicht. Die Lektorin Julie Kiefer begleitete dieses Projekt souverän durch alle Planungsphasen und ließ mir bei der Auswahl der Frauen viel Freiraum. Ihr sicheres Gespür und ihr klarer Blick für Eleganz und Stil prägen entscheidend die optische Linie dieses Buches. Die Autorin Niamh Blumstrom ist trotz anderweitiger Verpflichtungen kurzfristig eingesprungen und hat begeistert und entschlossen dem Projekt die erzählerische Schönheit gegeben. Dank ihrer einfühlsam und spannend geschriebenen Geschichten verbindet sie die unterschiedlichen Wege der Frauen mit den Fotografien auf leicht fließende Weise. Ihnen allen ein herzliches Danke.

Mein größter Dank gilt den 18 Frauen. Sie haben mit vertrauensvoller Offenheit und engagierten Ideen bei den Fototerminen mitgearbeitet. Ihre Kenntnis der Historie ihres Kunst-Handwerks hat mich ebenso beeindruckt wie ihre Liebe zu ihrem Tun, zu Farben und Material, zu Gerüchen und Haptik. Ihr technisches Wissen und Können sowie die physische Kraft und Körperbeherrschung, die dafür nötig sind, haben mich oft überrascht.

Sie zeigen eine inspirierende Einheit von Arbeit und Leben, eben ihre Leidenschaft für Kunst und Handwerk.

Ulrike Romeis, Lünen 2019

Manchmal dauern Dinge länger als vermutet – doch die Zeit vergeht dabei eindeutig schneller als im Flug. Vielleicht weil die Welten, in die man indes eintaucht, so kurzweilig sind und so vielgestaltig und einen so in sich aufsaugen. Danken will ich deshalb allen voran natürlich den 18 Heldinnen dieses Buches, die mir ihre ganz persönlichen Geschichten anvertrauten und mich dabei mühelos davon überzeugten, dass die Liebe zu jedem Detail ihrer Kunst und ihrer Werke sie wohl nie loslassen wird.

Danken möchte ich auch dem Prestel Verlag und hier ganz besonders Julie Kiefer für ihr Vertrauen und für ihre unerschütterliche Zuversicht, dass ich meine »Dichtung« doch noch vor dem bereits festgesetzten Erscheinungstermin des Buches liefern werde;

meiner Lektorin Susanne Philippi für ihren einfühlsamen Umgang mit meinen Texten und ihre – immer stoisch-heiter durch die E-Mail-Korrespondenz hindurchklingende – Geduld mit mir.

Und bedanken möchte ich mich schließlich ganz oft bei Ulrike Romeis, die mich so spontan mit auf ihre großartige Bilderreise nahm und mich auch, als mir zwischendurch gar nicht so wohl zumute war, immer wieder warmherzigst neu motiviert hat.

Und meiner liebsten Mutter für all ihre tatkräftige und kompetente Unterstützung, etwa beim systematischen Abhören von 18 langen Interviews – oder fürs Einkaufen gehen, wenn ich mal wieder tagelang kaum andere Fenster wahrnahm als die in meinem Computer.

Und meinem geheimen Glücksbären, der in der ganzen Zeit über meine Gesundheit wachte.

Niamh Blumstrom, München 2019

Bild- und Werknachweis

Seite 21: Alice Gräfin zu Toerring-Jettenbach, privat
Seite 51: Fensterbild von Walter Womacka (1925–2010), Treppenaufgang im ehem. Staatsratsgebäude der ehem. DDR, heute Campus der European School of Management and Technology Berlin
Seite 87 oben: Nachbildung der *Hölzernen Trinkschale von Uffing am Staffelsee* aus dem 6. Jh. v. Chr., Drechselarbeit von Peter Klein, Karlsruhe
Seite 106: Privatsammlung Katharina Sigwart
Seiten 109, 114, 116: Hair & Make-up von Dany Madaus, info@danymadaus.de
Seite 112: Fotografie von Günter Stömmer
Seiten 108, 110, 111, 113, 114, 116: Floristik Steffi Müller »Die Blumentante«, Instagram @die_blumentante
Seite 118: Prometheus-Gruppe, Staatliche Museen zu Berlin, Pergamonmuseum
S. 111 unten: Dirndltäschchen *Manor House Mini* (linkes Dirndl) und Trachtenhut *Bands of Colour* (rechtes Dirndl) sowie S. 113 rechts: Dirndltäschchen *Manor House Mini* aus Fell von der Trachtendesignerin Daniela von Liebe, Country Couture, www.danielavonliebe.de
Seite 122: Das Panorama, Staatliche Museen zu Berlin, Pergamonmuseum
Seite 123: Staatsoper Unter den Linden, Berlin, Saaltüren mit verschiedenen Musikinstrumenten
Seite 143: Buchtitel *Oh Boy! Von der Liebe zu jüngeren Männern* von Susanne Nadolny, Ebersbach & Simon Verlag
Seite 157: Bild Thomas Bayrle, Fotoarbeit Ketty La Rocca
Seite 175: *Das Bauhaus webt. Die Textilwerkstatt des Bauhauses,* G&H Verlag
Seiten 175, 177: Bauhaus-Archiv, Gunta Stölzl, *Weberei am Bauhaus und aus eigener Werkstatt*
Seite 186, von links nach rechts: Thangka-Malerei von Bikash dev Lama; kupferbeschichtete Tafel von Stefanie von Thun; Porträt *Simon und Janina* von Babette Brühl

Impressum

© Prestel Verlag, München · London · New York, 2019
in der Verlagsgruppe Random House GmbH
Neumarkter Straße 28 · 81673 München

Umschlag-Vorderseite, im Uhrzeigersinn:
Stoffbezogene Schachtel von Alexandra von Schönberg; Dirndl mit Zierblume von Michaela Keune; die Hutmacherin Katharina Sigwart in ihrem Atelier; Holzschale von Elke Hirsch; Kissenbezug von Verena Ebner von Eschenbach; vergoldete Initiale von Sabine Danielzig
Umschlag-Rückseite: Bedruckte Leinentasche von Friederike Schleyerbach
Frontispiz: Arbeitsmaterialien der Kalligrafiekünstlerin Sabine Danielzig
Seite 4: Blick in die Ateliergalerie von Claudia Biehne
Seite 188: Federkiele von Sabine Danielzig
Seite 190: Vergolderwerkzeuge von Michelle Sachs

Der Verlag weist ausdrücklich darauf hin, dass im Text enthaltene externe Links vom Verlag nur bis zum Zeitpunkt der Buchveröffentlichung eingesehen werden konnten. Auf spätere Veränderungen hat der Verlag keinerlei Einfluss. Eine Haftung des Verlags ist daher ausgeschlossen.

Projektleitung: Julie Kiefer
Lektorat: Susanne Philippi
Gestaltung und Layout: Sibylle Schug, Barbara Mally
Covergestaltung: Sofarobotnik, Florian Frohnholzer
Herstellung: Andrea Cobré
Lithografie: Schnieber Graphik GmbH
Druck und Bindung: DZS, d.o.o., Ljubljana

Verlagsgruppe Random House FSC® N001967
Gedruckt auf FSC-zertifiziertem Papier Profibulk

Gedruckt in Slowenien

ISBN 978-3-7913-8572-3

www.prestel.de